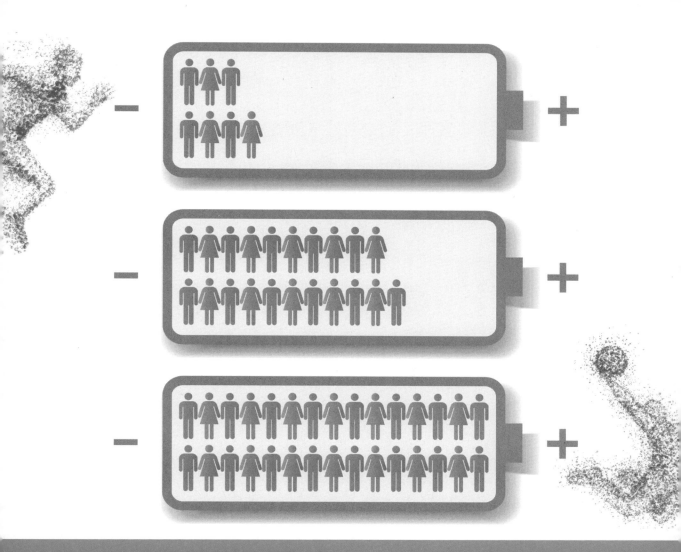

스포츠 의·과학 연구를 위한

G*Power와
Sample Size

남상석 지음

한 나래 아카데미

스포츠 의·과학 연구를 위한
G*Power와 Sample Size

지은이 | 남상석
펴낸이 | 한기철

2015년 4월 10일 1판 1쇄 박음
2015년 4월 20일 1판 1쇄 펴냄

펴낸곳 | 한나래출판사
등록 | 1991. 2. 25 제22–80호
주소 | 서울시 마포구 월드컵로3길 39, 2층 (합정동)
전화 | 02–738–5637 · 팩스 | 02–363–5637 · e–mail | hannarae91@naver.com
www.hannarae.net

ⓒ 2015 남상석
Published by Hannarae Publishing Co.
Printed in Seoul

ISBN 978–89–5566–181–1 93310

머리말

최근 스포츠 의·과학 연구 분야에서 가설검정 시 통계적 검정력(statistical power)에 대한 관심이 커지고 있다. 가설을 검정할 때 일반적으로 α-오류에 대해서만 관리하는 경향이 있는데, 이는 연구자의 선택이 어느 정도 틀렸는지를 파악하는 것이고, 반면에 검정력($1-\beta$)은 연구자의 선택이 어느 정도 맞는가를 알려주는 지표이므로 가설검정 시 함께 제시하는 것이 권장된다.

검정력은 표본의 크기와 밀접한 관련이 있기 때문에 연구의 초기 단계에서 적정 표본크기를 산출하는 것이 매우 중요하다. 표본의 크기를 산출하는 공식은 다양하게 제시되고 있지만 비전공자가 이를 이해하고 적용하기는 쉽지 않은 것 같다. 또한 Altman의 계산도표나 Lehr의 공식을 이용하여 간편하게 표본의 크기를 산출하는 방법이 알려져 있지만 적용할 수 있는 통계분석 방법은 두세 가지에 지나지 않아 다양한 통계분석에 적용하기가 어렵다.

하지만 최근에는 다양한 통계분석에 필요한 표본크기를 쉽게 계산해 주는 전문 소프트웨어가 등장하여 편리성을 도모하고 있다. 대표적인 소프트웨어로는 SPSS에서 제공하는 Sample Power와 독일 뒤셀도르프 대학에서 제공하는 G*Power가 있다. SPSS의 Sample Power는 유료 프로그램이기 때문에 개인이 사용하기에는 가격부담이 있지만, 뒤셀도르프 대학의 G*Power는 무료로 배포하여 연구자들이 부담 없이 사용할 수 있다.

이처럼 G*Power는 연구자들에게 매우 유용한 프로그램이지만 그 사용법을 친절하게 설명한 국내 도서가 별로 없어서 아쉬움을 느꼈다. 더군다나 스포츠 의·과학 연구에서 많이 사용하는 통계분석들의 표본크기 산출방법에 대한 설명이 없는 경우도 있어서 이 책을 집필하게 되었다.

책의 내용은 계속 연구하여 보완해 나갈 예정이다. 독자 여러분의 소중한 의견을 기대하면서 이 책이 스포츠 의·과학 연구자 및 대학원생들에게 조금이나마 도움이 되기를 희망한다. 단독으로 집필하는 것은 이 책이 처음이라 많이 힘들었지만 사랑하는 양가 부모님을 비롯하여 아내와 아들의 격려가 큰 힘이 되었다. 지면을 통해 감사함을 전한다. 아울러 연구자의 자세를 가르쳐 주신 경희대학교 선우섭 교수님과 집필과정을 친절하게 안내해 준 한나래출판사 조광재 상무님께도 감사한 마음을 전한다.

2015년 3월
남상석

차례

1장

Altman의 계산도표를
이용하는 방법

Altman의 계산도표(Altman, 1982)는 독립 t-검정, 종속 t-검정, 두 집단 비율(카이제곱) 검정에 사용할 수 있으며, 미리 작성된 계산도표(nomogram)를 이용하여 간편하게 표본의 크기를 산출하는 방법이다.

- 표본크기가 동일한 집단 간 평균 및 비율 검정 시 적용할 수 있다.
- 유의수준 .05와 .01 조건에 적용할 수 있다.
- 양측검정에 적용할 수 있다.
- 적용할 수 있는 검정력의 범위가 다양하다.
- 연구진행 완료 후 검정력을 확인하는 방법으로도 사용이 가능하다.

검정력(power, $1-\beta$)이란?

대부분의 연구자가 많은 시간과 노력을 들이며 연구에서 밝히고 싶어 하는 것은 기존의 영가설(H_0, 의미 없음)이 아니라 새롭게 시도된 연구가설(H_1, 의미 있음)일 것이다. 그렇기 때문에 연구자는 영가설(H_0, 의미 없음)을 선택하기보다는 연구가설(H_1, 의미 있음)을 선택하려고 노력한다. 하지만 연구가설(H_1, 의미 있음)을 안심하고 선택하기 위해서는 다음의 경우를 꼭 생각해보아야 한다.

- 1종 오류(α-오류): 실제로는 의미가 없는데(영가설이 맞는데) 의미가 있다고(연구가설이 맞는다고) 판단해서 발생하는 오류
- 2종 오류(β-오류): 실제로는 의미가 있는데(연구가설이 맞는데) 의미가 없다고(영가설이 맞는다고) 판단해서 발생하는 오류
- 검정력($1-\beta$): 실제로는 의미가 있는데(연구가설이 맞는데) 마침 의미가 있다고(연구가설이 맞는다고) 판단하는 확률로, 정말로 의미가 있을 확률이다.

따라서 연구자가 연구가설(H_1)을 선택하려면 α-오류는 낮아야 하고, 검정력은 높아야 이상적이다. 대부분의 연구에서 α-오류가 어떠하다는 것은 제시되는데 검정력이 어떠하다는 것은 누락된 경우가 많다. 이해를 돕기 위해 다음의 경우를 생각해보자.

- α-오류는 .03인데 검정력은 .4인 경우
- α-오류는 .03인데 검정력은 .8인 경우

위의 내용을 쉽게 표현하면 다음과 같다.

- 의미가 있다고(연구가설) 선택했을 때 틀릴 확률(α-오류)은 3%이고 정말 의미가 있을 확률(검정력)은 40%이다.
- 의미가 있다고(연구가설) 선택했을 때 틀릴 확률(α-오류)은 3%이고 정말 의미가 있을 확률(검정력)은 80%이다.

따라서 연구의 결과를 설명할 때 전자보다 후자의 경우가 훨씬 합리적이고 유리하다. 이러한 검정력은 표본의 크기와 밀접한 관계를 갖고 있어서 검정력을 이용하여 표본의 크기를 산출하는 방법이 많이 사용된다.

Altman의 계산도표를 이용하기 위해서는 세 가지 정보가 사전에 준비되어야 한다.

- '표준화 차이(standardized difference)'에 대한 정보: 임상적 경험, 선행연구, 예비조사 등에서 얻는다.
- 검정력을 얼마로 할 것인가에 대한 결정(통상 80% 이상으로 설정하며, 90% 이상으로 설정하기도 한다.)
- 유의수준의 결정(.05 또는 .01)

독립 t-검정, 종속 t-검정, 두 집단 비율(카이제곱) 검정의 표본크기를 산출하기 위한 표준화 차이 계산방법은 아래 표와 같다.

[표 1-1] 표준화 차이 계산방법

가설검정	표준화 차이	표본크기(N)	변수	변수 결정방법
독립 t-검정	$\dfrac{\delta}{\sigma}$	각 집단별로 $N/2$ 개체	δ(델타): 평균 차의 최소값 σ(시그마): 두 집단의 표준편차 (동일하다고 가정)	• 임상적 경험 • 선행연구 • 예비조사
종속 t-검정	$\dfrac{2\delta}{\sigma_d}$	N쌍의 개체	δ: 전후 평균 차의 최소값 σ_d: 전후 차의 표준편차	
두 집단 비율 (카이제곱) 검정	$\dfrac{p_1 - p_2}{\sqrt{\bar{p}(1-\bar{p})}}$	각 집단별로 $N/2$ 개체	p_1-p_2: 두 집단 간 '성공' 비율 차의 최소값 $\bar{p} = \dfrac{p_1 + p_2}{2}$	

Altman의 계산도표를 이용하는 방법과 절차는 다음과 같다.

① 가설검정 방법(독립 t-검정, 종속 t-검정, 두 집단 비율검정)에 맞는 표준화 차이를 계산한다.

② 유의수준을 결정한다(.05 또는 .01).

③ 검정력을 결정한다(80% 또는 90%).

④ Altman 계산도표의 좌측에서 ①의 '표준화 차이'를 찾아 표시한다.

⑤ Altman 계산도표의 우측에서 ③의 '검정력'을 찾아 표시한다.

⑥ Altman 계산도표에서 표시된 '표준화 차이'와 '검정력'을 직선으로 연결한다.

⑦ 연결선과 중앙에서 만나는 부분의 표본크기를 읽는다(위쪽 선은 유의수준 .05일 때의 표본 크기, 아래쪽 선은 유의수준 .01일 때의 표본크기).

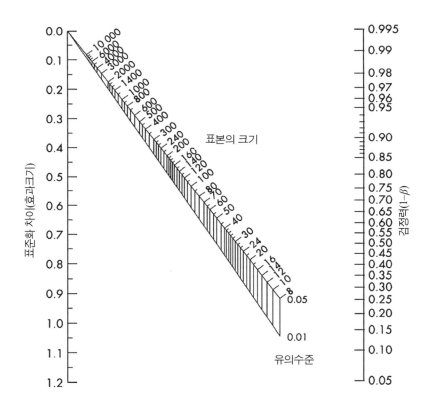

[그림 1-1] Altman의 계산도표(Altman, 1982)

- 독립 t-검정과 두 집단 비율(카이제곱) 검정의 경우 산출된 결과(N)는 두 집단의 합산 표본의 크기이므로 각 집단별 표본의 크기는 산출결과의 절반($N/2$)이다.
- 종속 t-검정의 경우 산출된 결과(N)는 '쌍을 이룬 수'의 의미이므로 표본의 크기는 산출된 결과(N)를 그대로 적용한다.

1-1 ▶ 독립 t-검정의 표본크기 산출

> 자전거 에르고미터를 이용한 최대점증부하 운동 시 남녀 간 최대심박수의 차이가 있는가를 독립 t-검정으로 확인하고자 한다. 아래 조건을 만족하는 표본의 크기를 산출하라.

- 참고한 선행연구에서 남성 최대심박수의 평균은 184.98 bpm이고, 여성 최대심박수의 평균은 170.60 bpm이다.
- 참고한 선행연구에서 남성 최대심박수의 표준편차는 11.19 bpm이고, 여성 최대심박수의 표준편차는 17.50 bpm이다.
- 가설검정 시 유의수준 .05 이내에서 양측검정으로 설정한다.
- 가설검정 시 검정력은 90% 이상으로 설정한다.

Altman의 계산도표를 이용하여 표본의 크기를 산출하는 방법은 다음과 같다.

- 참고한 선행연구에서 평균 차이 = 184.98 bpm − 170.60 bpm = 14.38 bpm

- 참고한 선행연구의 표준편차가 서로 다르므로 통합 표준편차

$$= \frac{11.19 \text{ bpm} + 17.50 \text{ bpm}}{2} = 14.345 \text{ bpm}$$

- 참고한 선행연구에서 표준화 차이 $= \dfrac{14.38 \text{ bpm}}{14.345 \text{ bpm}} = 1.002$

- Altman 계산도표의 좌측에서 표준화 차이 1.0에 표시한다.

- Altman 계산도표의 우측에서 검정력 0.9에 표시한다.

- Altman 계산도표에서 표시한 두 지점을 직선으로 연결하면 중앙선의 약 42에서 교차한다.

- 각 집단의 표본크기 = $\dfrac{42}{2}$ = 21

따라서 각 집단의 표본크기는 21명 이상으로 선정한다.

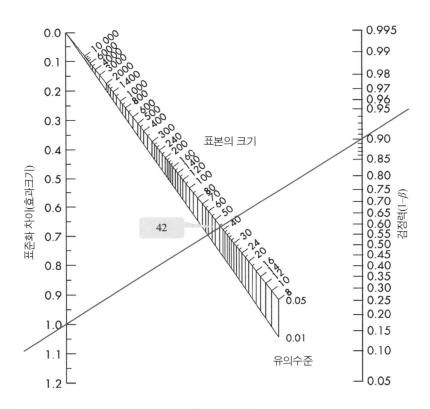

[그림 1-2] Altman 계산도표를 이용한 독립 *t*-검정의 표본크기 산출

중년 비만여성을 대상으로 6주간 유산소성 운동 트레이닝 후 체중변화가 있는가를 종속 *t*-검정으로 확인하고자 한다. 아래 조건을 만족하는 표본의 크기를 산출하라.

- 참고한 선행연구에서 트레이닝 전 체중 평균은 58.3 kg이고, 트레이닝 후 체중 평균은 56.8 kg이다.
- 참고한 선행연구에서 트레이닝 전후 차이 분포의 표준편차는 2.7 kg이다.
- 가설검정 시 유의수준 .05 이내에서 양측검정으로 설정한다.
- 가설검정 시 검정력은 80% 이상으로 설정한다.

Altman의 계산도표를 이용하여 표본의 크기를 산출하는 방법은 다음과 같다.

- 참고한 선행연구에서 트레이닝 전후 평균 차이 = 58.3 kg − 56.8 kg = 1.5 kg
- **참고한 선행연구에서 트레이닝 전후 차이 분포의 표준편차 = 2.7 kg**
- 참고한 선행연구에서 표준화 차이 $= \dfrac{2 \times 1.5 \text{ kg}}{2.7 \text{ kg}} = 1.1$

- Altman 계산도표의 좌측에서 표준화 차이 1.1에 표시한다.
- Altman 계산도표의 우측에서 검정력 0.8에 표시한다.
- Altman 계산도표에서 표시한 두 지점을 직선으로 연결하면 중앙선의 약 26에서 교차한다.
- 전후 비교 쌍의 수 = 26쌍

따라서 표본의 크기는 26명 이상으로 선정한다.

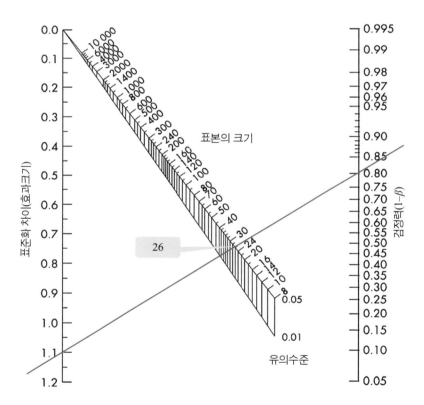

[그림 1-3] Altman 계산도표를 이용한 종속 *t*-검정의 표본크기 산출

스포츠클라이밍 선수의 경기 중 피로회복을 통해 과제 성공률을 높일 목적으로 기존의 수동적 회복방법과 전완 및 상완 근육을 냉찜질하는 능동적 회복방법의 과제 성공률을 비교하고자 한다. 서로 다른 두 집단으로 무작위 할당한 후 수동적 회복방법과 냉찜질 회복방법을 각각 적용하여 과제 성공률을 비교할 것이다. 아래 조건을 만족하는 표본의 크기를 산출하라.

- 참고한 선행연구에서 수동적 회복 시 과제 성공률은 50%이고, 본 연구를 통해 예상하는 냉찜질 회복방법의 과제 성공률은 80%이다.
- 가설검정 시 유의수준 .05 이내에서 양측검정으로 설정한다.
- 가설검정 시 검정력은 80% 이상으로 설정한다.

Altman의 계산도표를 이용하여 표본의 크기를 산출하는 방법은 다음과 같다.

- 참고한 선행연구에서 성공비율 차이 $= 0.8 - 0.5 = 0.3$
- 참고한 선행연구에서 성공비율 평균 $= \dfrac{0.8 + 0.5}{2} = 0.65$
- 참고한 선행연구에서 성공비율 표준화 차이 $= \dfrac{0.3}{\sqrt{0.65(1-0.65)}} = 0.63$
- Altman 계산도표의 좌측에서 표준화 차이 0.63에 표시한다.
- Altman 계산도표의 우측에서 검정력 0.8에 표시한다.
- Altman 계산도표에서 표시한 두 지점을 직선으로 연결하면 중앙선의 약 80에서 교차한다.
- 각 집단의 표본크기 $= \dfrac{80}{2} = 40$

따라서 각 집단의 표본크기는 40명 이상으로 선정한다.

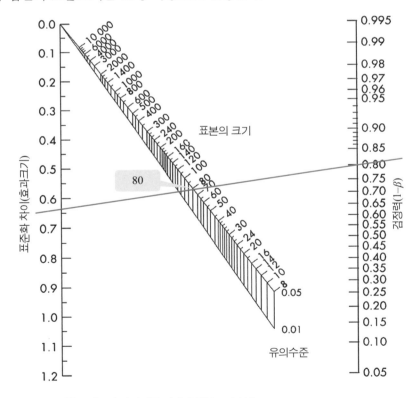

[그림 1-4] Altman 계산도표를 이용한 카이제곱 검정의 표본크기 산출

2장

Lehr의 공식을
이용하는 방법

Lehr의 공식(Lehr, 1992)은 독립 *t*-검정이나 두 집단 비율(카이제곱) 검정에 적용할 수 있다.

- 유의수준 .05 조건에 적용할 수 있다.
- 양측검정에 적용할 수 있다.
- 검정력 80%, 90% 조건에 적용할 수 있다.
- 계산된 결과는 각 집단별 표본의 크기다.

Lehr의 공식을 이용하기 위해서는 세 가지 정보가 사전에 준비되어야 한다.

- '표준화 차이'에 대한 정보(표 1-1): 임상적 경험, 선행연구, 예비조사 등에서 얻는다.
- 검정력을 얼마로 할 것인가에 대한 결정(통상 80% 이상으로 설정하며, 90% 이상으로 설정하기도 한다.)
- 유의수준의 결정(.05 또는 .01)

$$\text{검정력 80%일 때 Lehr의 공식: } n \geq \frac{16}{(\text{표준화 차이})^2}$$

$$\text{검정력 90%일 때 Lehr의 공식: } n \geq \frac{21}{(\text{표준화 차이})^2}$$

독립 *t*-검정의 표본크기 산출

자전거 에르고미터를 이용한 최대점증부하 운동 시 남녀 간 최대심박수의 차이가 있는가를 독립
t-검정으로 확인하고자 한다. 아래 조건을 만족하는 표본의 크기를 산출하라.

- 참고한 선행연구에서 남성 최대심박수의 평균은 184.98 bpm이고, 여성 최대심박수의
  평균은 170.60 bpm이다.
- 참고한 선행연구에서 남성 최대심박수의 표준편차는 11.19 bpm이고, 여성 최대심박수
  의 표준편차는 17.50 bpm이다.
- 가설검정 시 유의수준 .05 이내에서 양측검정으로 설정한다.
- 가설검정 시 검정력은 90% 이상으로 설정한다.

Lehr의 공식을 이용하여 표본의 크기를 산출하는 방법은 다음과 같다.

- 참고한 선행연구에서 평균 차이 = 184.98 bpm − 170.60 bpm = 14.38 bpm

- 참고한 선행연구의 표준편차가 서로 다르므로 통합 표준편차

$$= \frac{11.19 \text{ bpm} + 17.50 \text{ bpm}}{2} = 14.345 \text{ bpm}$$

- 참고한 선행연구에서 표준화 차이 $= \dfrac{14.38 \text{ bpm}}{14.345 \text{ bpm}} = 1.002$

- Lehr의 공식 중 검정력 90% 공식으로 표본의 크기를 계산한다.
- 각 집단의 표본크기 $= \dfrac{21}{1.002^2} = 20.92$

따라서 각 집단의 표본크기는 21명 이상으로 선정한다.

두 집단 비율(카이제곱) 검정의 표본크기 산출

> 스포츠클라이밍 선수의 경기 중 피로회복을 통해 과제 성공률을 높일 목적으로 기존의 수동적 회복방법과 전완 및 상완 근육을 냉찜질하는 능동적 회복방법의 과제 성공률을 비교하고자 한다. 서로 다른 두 집단으로 무작위 할당한 후 수동적 회복방법과 냉찜질 회복방법을 각각 적용하여 과제 성공률을 비교할 것이다. 아래 조건을 만족하는 표본의 크기를 산출하라.

- 참고한 선행연구에서 수동적 회복 시 과제 성공률은 50%이고, 본 연구를 통해 예상하는 냉찜질 회복방법의 과제 성공률은 80%이다.
- 가설검정 시 유의수준 .05 이내에서 양측검정으로 설정한다.
- 가설검정 시 검정력은 80% 이상으로 설정한다.

Lehr의 공식을 이용하여 표본의 크기를 산출하는 방법은 다음과 같다.

- 참고한 선행연구에서 성공비율 차이 $= 0.8 - 0.5 = 0.3$
- 참고한 선행연구에서 성공비율 평균 $= \dfrac{0.8 + 0.5}{2} = 0.65$

- 참고한 선행연구에서 성공비율 표준화 차이 $= \dfrac{0.3}{\sqrt{0.65(1-0.65)}} = 0.63$

- Lehr의 공식 중 검정력 80% 공식으로 표본의 크기를 계산한다.
- 각 집단의 표본크기 $= \dfrac{16}{0.63^2} = 40.3$

따라서 각 집단의 표본크기는 40명 이상으로 선정한다.

3장

G*Power를
이용하는 방법

Altman의 계산도표나 Lehr의 공식은 독립 t-검정, 종속 t-검정, 두 집단 비율(카이제곱) 검정 등에서 표본의 크기 산출에 사용할 수 있는 간편한 방법들이다.

위의 세 가지 분석방법 이외에 분산분석, 상관분석, 회귀분석 등에서 사용할 수 있는 표본의 크기 산출방법은 다양하고 복잡할 수 있다. 따라서 표본의 크기를 산출해 주는 무료 소프트웨어 G*Power를 이용하는 방법에 대해 소개한다.

G*Power 소프트웨어를 이용하면 다양한 가설검정에 필요한 표본의 크기를 산출할 수 있다. G*Power 소프트웨어는 독일 뒤셀도르프 대학에서 무료로 제공하는 프로그램으로서 아래의 사이트에 접속하여 프로그램과 매뉴얼을 내려받을 수 있다.

[1단계] http://www.gpower.hhu.de/에 접속한다.

[2단계] 왼쪽 하단의 'G*Power' 메뉴를 누른다.

[3단계] 'Help' 항목에서 매뉴얼을 다운받는다.

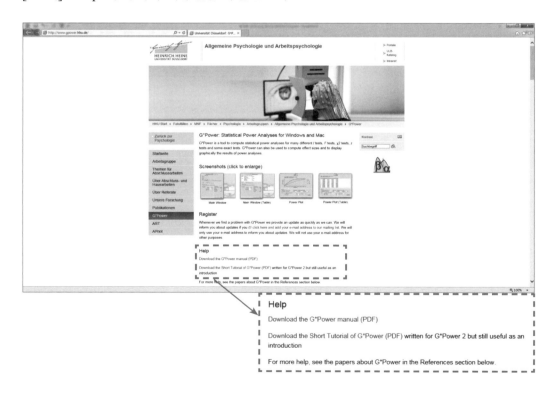

[4단계] 'Download' 항목에서 G*Power 프로그램을 다운받는다(Mac용과 Windows용이 구분되어 있으니 자신의 컴퓨터 사양에 맞추어 선택한다).

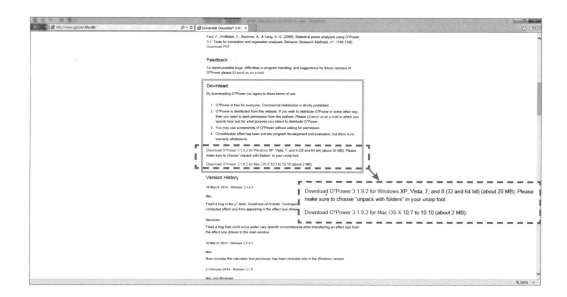

[5단계] 다운로드한 프로그램을 설치하여 실행한다.

자전거 에르고미터를 이용한 최대점증부하 운동 시 남녀 간 최대심박수의 차이가 있는가를 독립
t-검정으로 확인하고자 한다. 아래 조건을 만족하는 표본의 크기를 산출하라.

- 참고한 선행연구에서 남성 최대심박수의 평균은 184.98 bpm이고, 여성 최대심박수의
  평균은 170.60 bpm이다.
- 참고한 선행연구에서 남성 최대심박수의 표준편차는 11.19 bpm이고, 여성 최대심박수
  의 표준편차는 17.50 bpm이다.
- 가설검정 시 유의수준 .05 이내에서 양측검정으로 설정한다.
- 가설검정 시 검정력은 90% 이상으로 설정한다.

G*Power를 이용하여 표본의 크기를 산출하는 방법은 다음과 같다.

■ G*Power의 독립 *t*-검정 선택순서

① G*Power 프로그램의 'Test family' 항목에서 't tests'를 선택한다.

② 'Statistical test' 항목에서 'Means: Difference between two independent means(two groups)'를 선택한다.

③ 'Type of power analysis' 항목에서 'A priori: Compute required sample size...'를 선택한다.

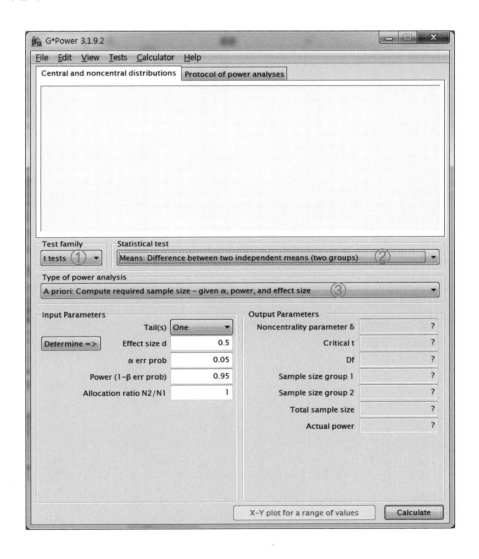

■ 독립 *t*-검정의 기본정보 입력

① 'Tail(s)' 항목에 'Two'를 선택한다(양측검정).

② 'α err prob' 항목에 '0.05'를 입력한다(유의수준).

③ 'Power(1–β err prob)' 항목에 '0.9'를 입력한다(검정력).

④ 'Allocation ratio N2/N1' 항목에 '1'을 입력한다(두 집단의 표본크기가 같은 경우 1이고, 표본
크기가 다를 경우 'N2/N1'의 비율을 계산해서 입력).

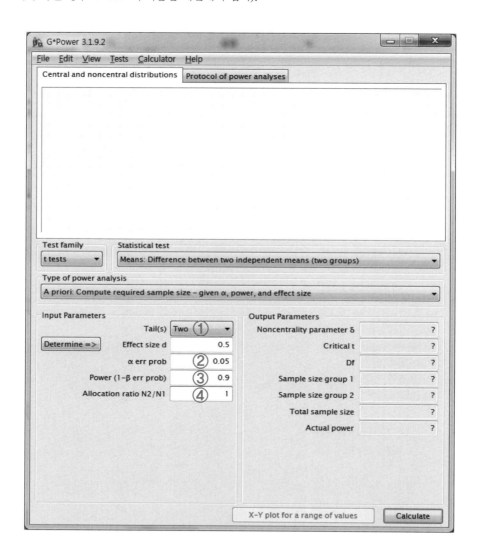

■ 독립 *t*-검정의 확장화면 열기

① 'Determine=>' 단추를 누른다.

② 오른쪽에 확장된 창이 나타난다.

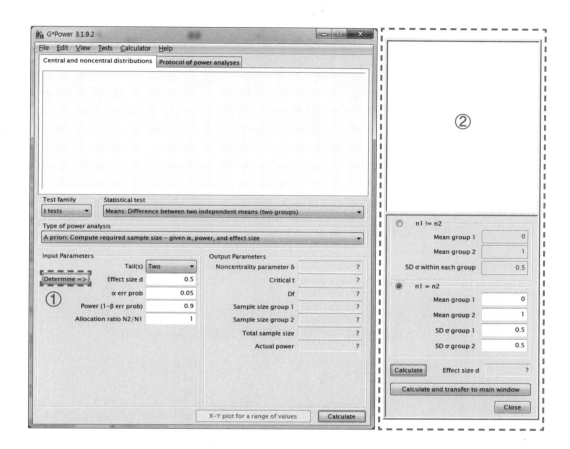

■ 독립 *t*-검정의 확장화면 입력

- 참고한 선행연구의 평균과 표준편차를 확장된 창의 해당 칸에 입력한다.
- 참고한 선행연구의 두 집단 표본크기가 같으면 'n1 = n2' 항목에 입력한다.
- 두 집단의 표본크기가 다르면 'n1 != n2' 항목에 입력한다.
- 'n1 != n2' 항목의 'SD σ within each group'에는 두 집단 표준편차의 평균을 입력하면 된다.

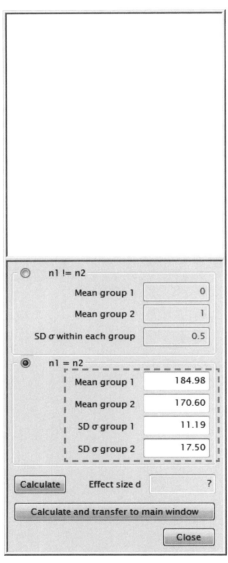

■ 독립 *t*-검정의 효과크기 계산

① 확장화면의 'Calculate' 단추를 누른다.

② 'Effect size d' 항목의 값이 계산된다(Effect size는 표준화 차이를 의미).

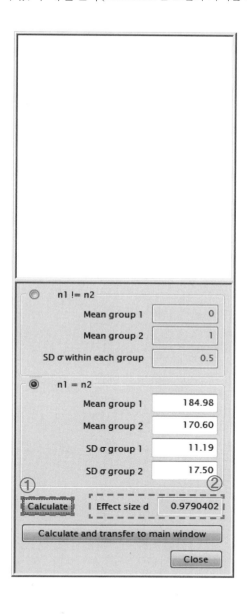

■ 독립 *t*-검정의 효과크기 복사

① 확장화면의 'Calculate and transfer to main window' 단추를 누른다.

② 메인화면의 'Effect size d' 항목에 값이 복사된다.

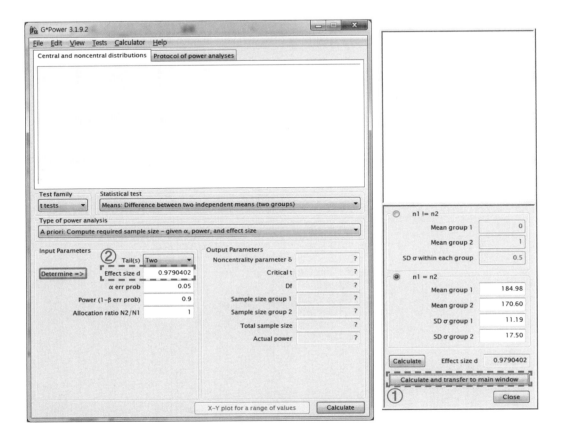

■ 독립 *t*-검정의 표본크기 결과출력

① 메인화면의 'Calculate' 단추를 누른다.

② 'Output Parameters' 항목의 값들이 계산된다.

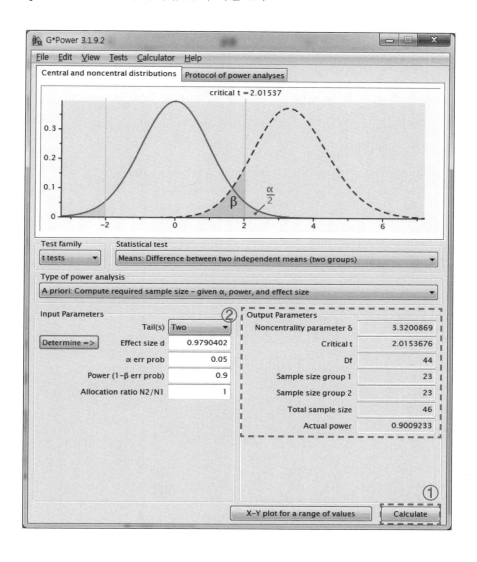

■ 독립 *t*-검정의 표본크기 확인

• 각 집단의 표본크기는 23명 이상, 전체 표본의 크기는 46명 이상으로 산출되었다.

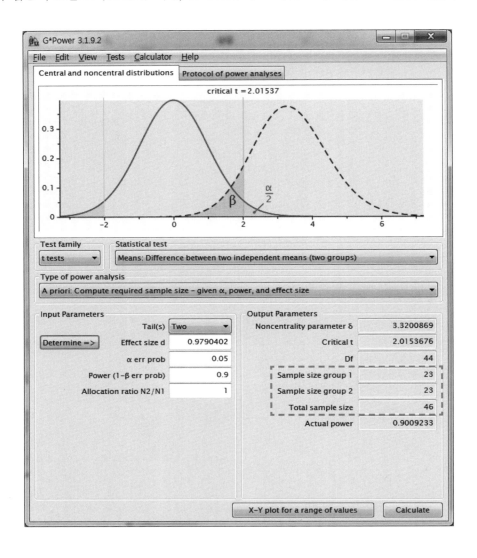

- 독립 *t*-검정의 검정력 확인

- 이때의 실제 검정력(Actual power)은 90.1%이다.

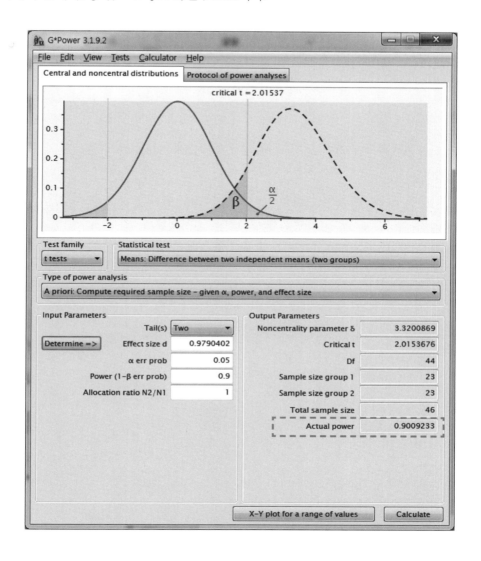

중년 비만여성을 대상으로 6주간 유산소성 운동 트레이닝 후 체중변화가 있는가를 종속 *t*-검정으로 확인하고자 한다. 아래 조건을 만족하는 표본의 크기를 산출하라.

- 참고한 선행연구에서 트레이닝 전 체중 평균은 58.3 kg이고, 트레이닝 후 체중 평균은 56.8 kg이다.
- 참고한 선행연구에서 트레이닝 전후 차이 분포의 표준편차는 2.7 kg이다.
- 가설검정 시 유의수준 .05 이내에서 양측검정으로 설정한다.
- 가설검정 시 검정력은 80% 이상으로 설정한다.

G*Power를 이용하여 표본의 크기를 산출하는 방법은 다음과 같다.

■ G*Power의 종속 *t*-검정 선택순서

① G*Power 프로그램의 'Test family' 항목에서 't tests'를 선택한다.

② 'Statistical test' 항목에서 'Means: Difference between two dependent means(matched pairs)'를 선택한다.

③ 'Type of power analysis' 항목에서 'A priori: Compute required sample size...'를 선택한다.

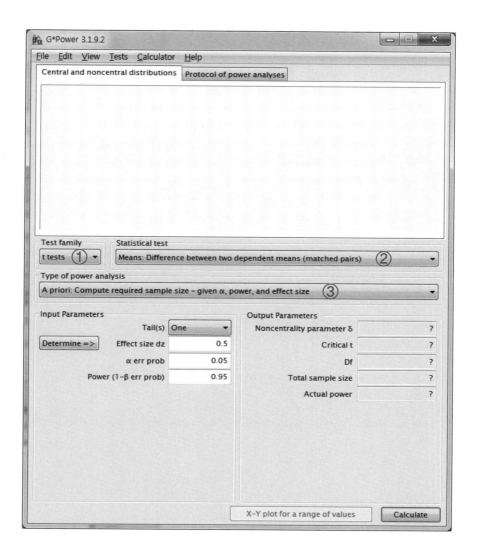

■ 종속 *t*-검정의 기본정보 입력

① 'Tail(s)' 항목에 'Two'를 선택한다(양측검정).

② '*α* err prob' 항목에 '0.05'를 입력한다(유의수준).

③ 'Power(1–*β* err prob)' 항목에 '0.8'을 입력한다(검정력).

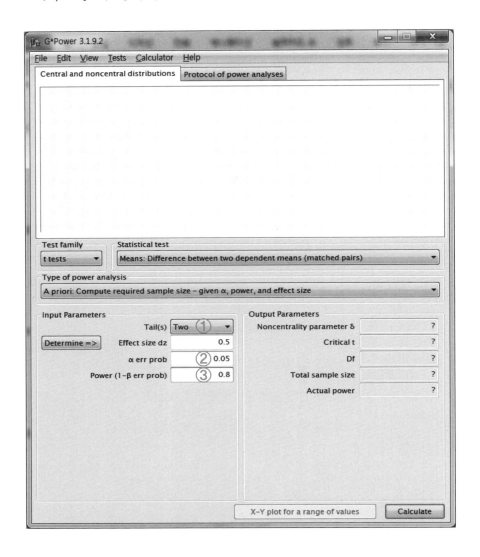

■ 종속 *t*-검정의 확장화면 열기

① 'Determine=>' 단추를 누른다.

② 오른쪽에 확장된 창이 나타난다.

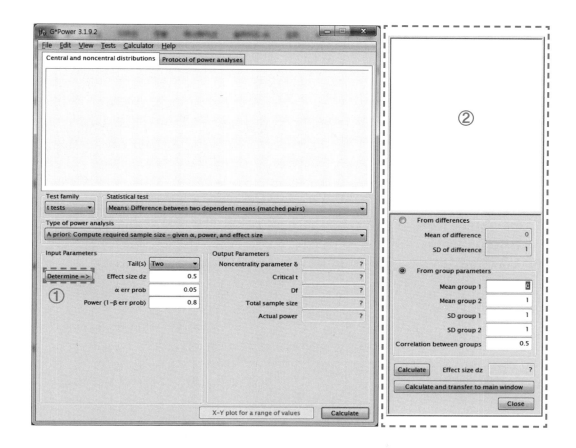

■ 종속 *t*-검정의 확장화면 입력

• 참고한 선행연구의 평균과 표준편차를 확장된 창의 해당 칸에 입력한다.

• 참고한 선행연구의 전후 간 평균 차이(58.3–56.8 = 1.5)와 전후 차이 분포의 표준편차(2.7)
  만 알면 'From differences' 항목에 입력한다.

• 참고한 선행연구의 전후 평균과 표준편차 모두를 알면 'From group parameters' 항목
  에 입력한다.

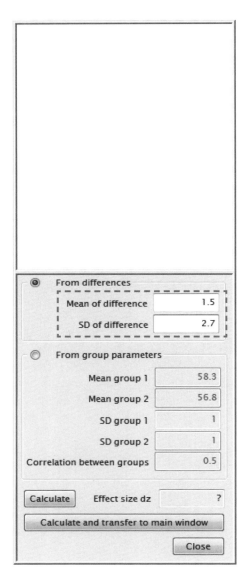

■ 종속 *t*-검정의 효과크기 계산

① 확장화면의 'Calculate' 단추를 누른다.

② 'Effect size dz' 항목의 값이 계산된다(Effect size는 표준화 차이를 의미).

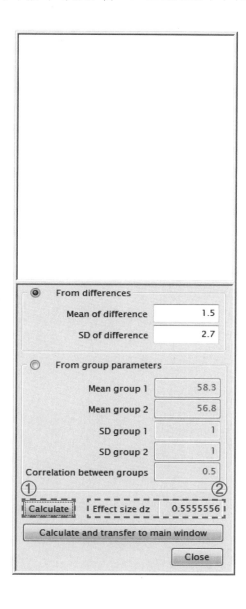

■ 종속 *t*-검정의 효과크기 복사

① 확장화면의 'Calculate and transfer to main window' 단추를 누른다.

② 메인화면의 'Effect size dz' 항목에 값이 복사된다.

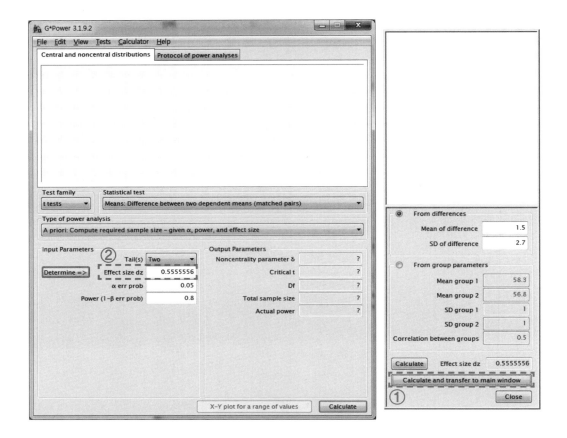

■ 종속 *t*-검정의 표본크기 결과출력

① 메인화면의 'Calculate' 단추를 누른다.

② 'Output Parameters' 항목의 값들이 계산된다.

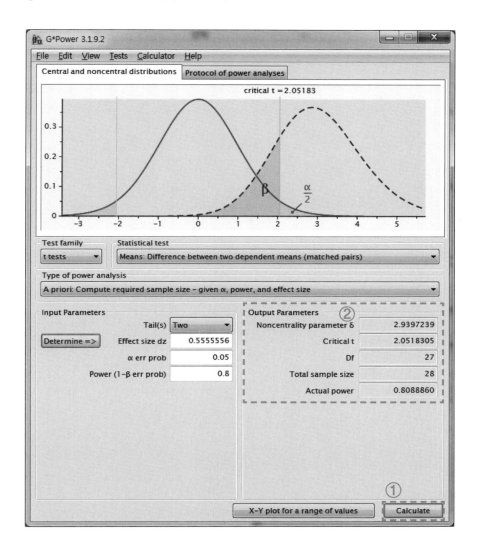

■ 종속 *t*-검정의 표본크기 확인

• 전체 표본의 크기는 28명 이상으로 산출되었다. 전후 쌍 비교이므로 최종 표본의 크기는 28명이 된다.

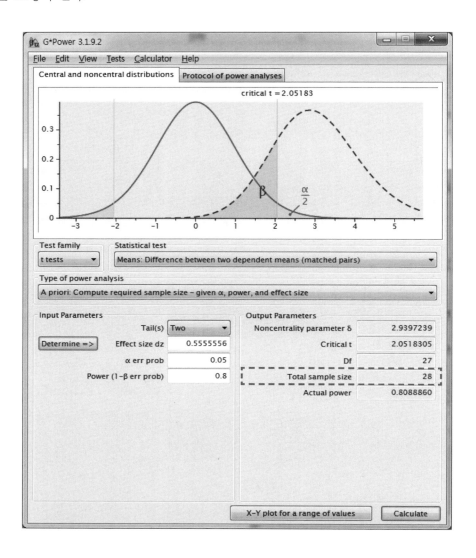

■ 종속 *t*-검정의 표본크기 확인

• 이때의 실제 검정력(Actual power)은 80.9%이다.

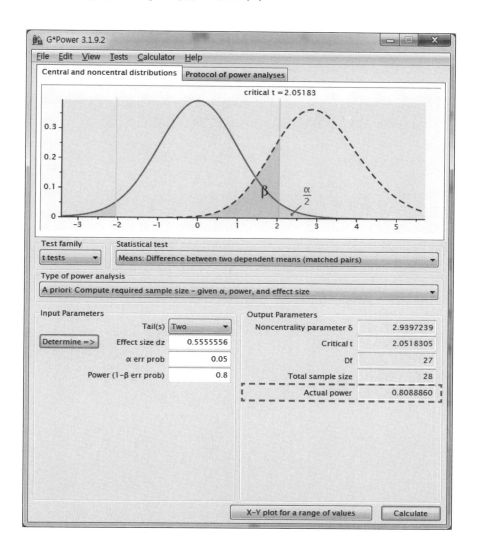

스포츠클라이밍 선수의 경기 중 피로회복을 통해 과제 성공률을 높일 목적으로 기존의 수동적 회복 방법과 전완 및 상완 근육을 냉찜질하는 능동적 회복방법의 과제 성공률을 비교하고자 한다. 서로 다른 두 집단으로 무작위 할당한 후 수동적 회복방법과 냉찜질 회복방법을 각각 적용하여 과제 성 공률을 비교할 것이다. 아래 조건을 만족하는 표본의 크기를 산출하라.

- 참고한 선행연구에서 수동적 회복 시 과제 성공률은 50%이고, 본 연구를 통해 예상하는 냉찜질 회복방법의 과제 성공률은 80%이다.
- 가설검정 시 유의수준 .05 이내에서 양측검정으로 설정한다.
- 가설검정 시 검정력은 80% 이상으로 설정한다.

G*Power를 이용하여 표본의 크기를 산출하는 방법은 다음과 같다.

■ G*Power의 카이제곱 검정 선택순서

① G*Power 프로그램의 'Test family' 항목에서 'z tests'를 선택한다.

② 'Statistical test' 항목에서 'Proportions: Difference between two independent proportions'를 선택한다.

③ 'Type of power analysis' 항목에서 'A priori: Compute required sample size...'를 선택한다.

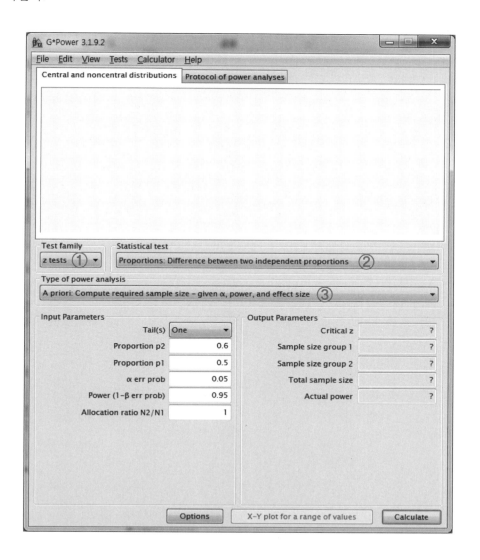

■ 카이제곱 검정의 기본정보 입력

① 'Tail(s)' 항목에 'Two'를 선택한다(양측검정).

② 'Proportion p2' 항목에 '0.8'을 입력한다(비교 대상집단의 예상 비율).

③ 'Proportion p1' 항목에 '0.5'를 입력한다(비교 기준집단의 비율).

④ 'α err prob' 항목에 '0.05'를 입력한다(유의수준).

⑤ 'Power(1–β err prob)' 항목에 '0.8'을 입력한다(검정력).

⑥ 'Allocation ratio N2/N1' 항목에 '1'을 입력한다(두 집단의 표본크기가 같은 경우 1이고, 표본 크기가 다를 경우 'N2/N1'의 비율을 계산해서 입력).

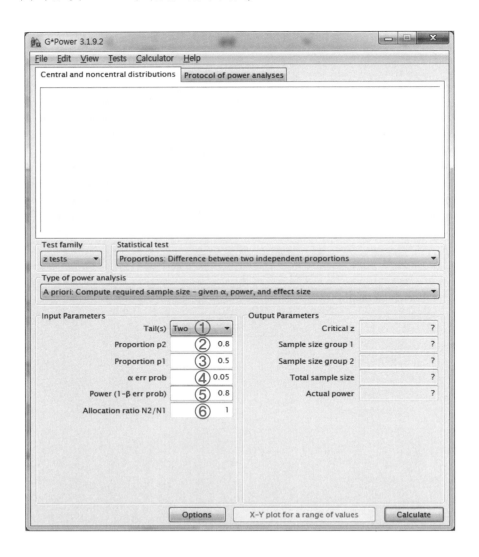

■ 카이제곱 검정의 표본크기 결과출력

① 메인화면의 'Calculate' 단추를 누른다.

② 'Output Parameters' 항목의 값들이 계산된다.

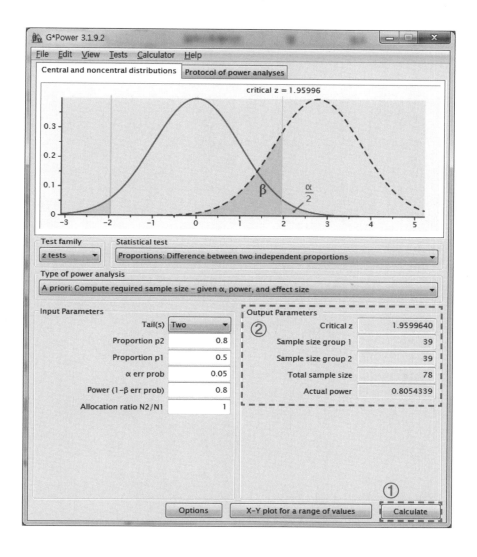

■ 카이제곱 검정의 표본크기 확인

• 각 집단의 표본크기는 39명 이상, 전체 표본의 크기는 78명 이상으로 산출되었다.

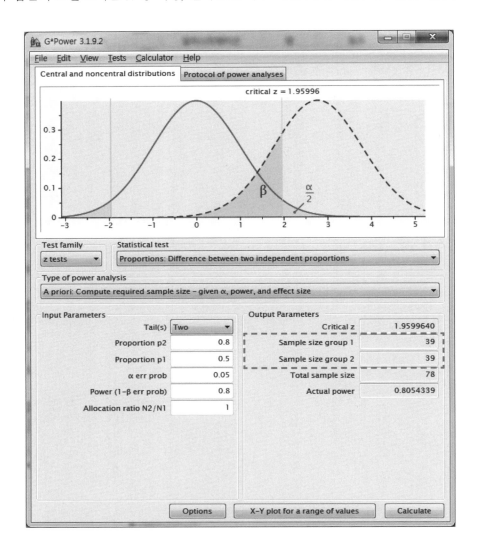

■ 카이제곱 검정의 검정력 확인

• 이때의 실제 검정력(Actual power)은 80.5%이다.

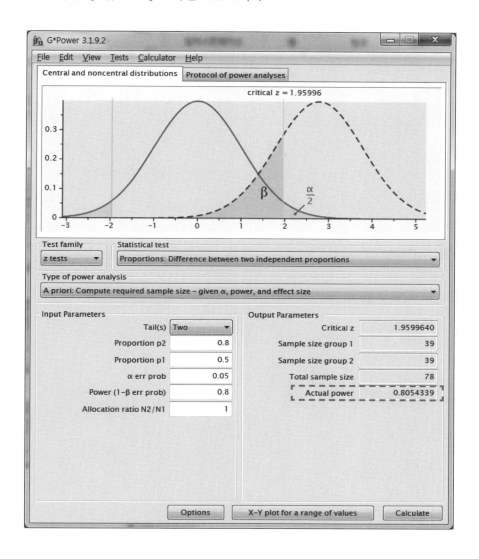

30~50대 남녀를 대상으로 최대운동능력과 체지방률의 관계를 분석하기 위해 최대운동능력의 지표 중 하나인 최대산소섭취량과 체지방률의 상관관계를 분석하고자 한다. 아래의 조건을 만족하는 표본의 크기를 산출하라.

- 참고한 선행연구에서는 최대운동능력의 다른 지표인 최대심박수와 체지방률의 상관계수가 −0.355로 확인되었다.
- 유의수준은 .05 이내로 설정한다.
- 검정력은 90% 이상으로 설정한다.
- 상관관계의 존재 여부를 확인하므로 양측검정을 적용한다(선행연구를 참고로 유사한 상관관계가 나오는가를 분석하는 경우는 방향성이 정해지므로 단측검정을 적용).

G*Power를 이용하여 표본의 크기를 산출하는 방법은 다음과 같다.

■ **G*Power의 단순상관분석 선택순서**

① G*Power 프로그램의 'Test family' 항목에서 'Exact'를 선택한다.

② 'Statistical test' 항목에서 'Correlation: Bivariate normal model'을 선택한다.

③ 'Type of power analysis' 항목에서 'A priori: Compute required sample size...'를 선
택한다.

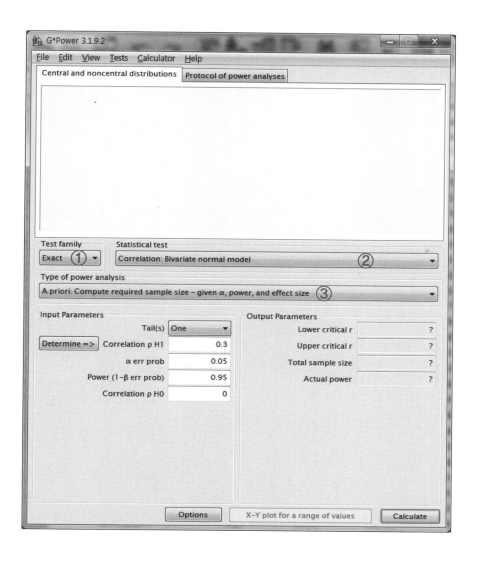

■ 단순상관분석의 기본정보 입력

① 'Tail(s)' 항목에 'Two'를 선택한다(양측검정).

② 'Correlation ρ (로) H1' 항목에 '−0.355'를 입력한다(선행연구의 상관계수).

③ 'α err prob' 항목에 '0.05'를 입력한다(유의수준).

④ 'Power(1−β err prob)' 항목에 '0.9'를 입력한다(검정력).

⑤ 'Correlation ρ (로) H0' 항목에 '0'을 입력한다(상관관계가 있는가를 검정하는 것이므로 모집
단의 상관계수를 0으로 설정).

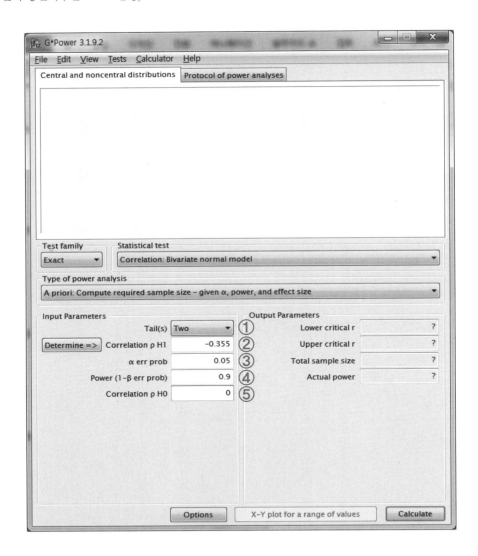

■ 단순상관분석의 표본크기 결과출력

① 메인화면의 'Calculate' 단추를 누른다.

② 'Output Parameters' 항목의 값들이 계산된다.

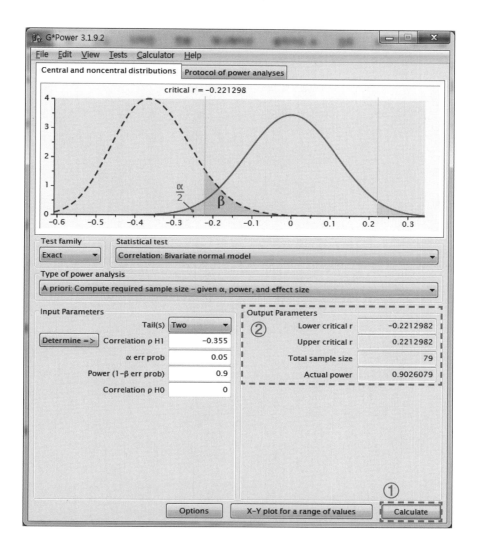

■ 단순상관분석의 표본크기와 검정력 확인

- 표본크기는 79명 이상으로 산출되었다.

- 이때의 실제 검정력(Actual power)은 90.3%이다.

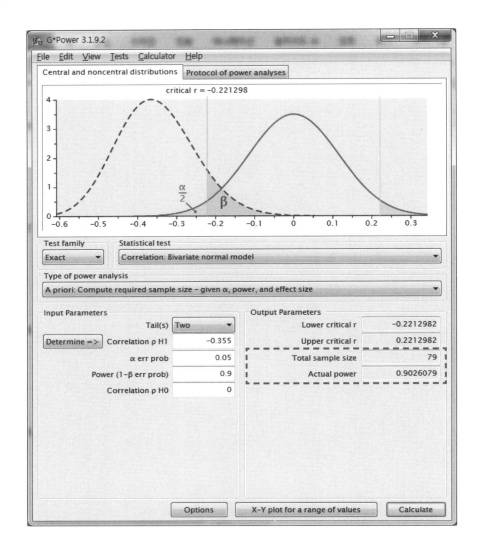

30~50대 성인을 대상으로 체지방률을 이용하여 최대산소섭취량을 예측하는 회귀분석을 실시하고자 한다. 아래의 조건을 만족하는 표본의 크기를 산출하라.

- 30대를 대상으로 한 선행연구와 50대를 대상으로 한 선행연구에서 체지방률을 이용한 최대산소섭취량의 예측 설명력(R^2)이 평균 55% 정도로 나타났다.
- 유의수준은 .05 이내로 설정한다.
- 검정력은 90% 이상으로 설정한다.
- 독립변수는 체지방률 하나만 사용한다.

G*Power를 이용하여 표본의 크기를 산출하는 방법은 다음과 같다.

■ G*Power의 단순회귀분석 선택순서

① G*Power 프로그램의 'Test family' 항목에서 'Exact'를 선택한다.

② 'Statistical test' 항목에서 'Linear multiple regression: Random model'을 선택한다.

③ 'Type of power analysis' 항목에서 'A priori: Compute required sample size…'를 선택한다.

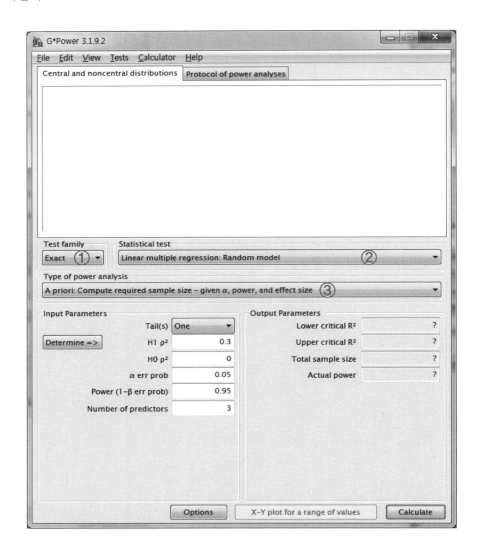

■ 단순회귀분석의 기본정보 입력

① 'Tail(s)' 항목에 'Two'를 선택한다(양측검정).

② 'H1 ρ (로)^2' 항목에 '0.55'를 입력한다(선행연구의 설명력, R^2).

③ 'H0 ρ (로)^2' 항목에 '0'을 입력한다(설명력이 있는가를 검정하는 것이므로 모집단의 설명력을 0으로 설정).

④ 'α err prob' 항목에 '0.05'를 입력한다(유의수준).

⑤ 'Power(1–β err prob)' 항목에 '0.9'를 입력한다(검정력).

⑥ 'Number of predictors' 항목에 '1'을 입력한다(독립변수의 개수).

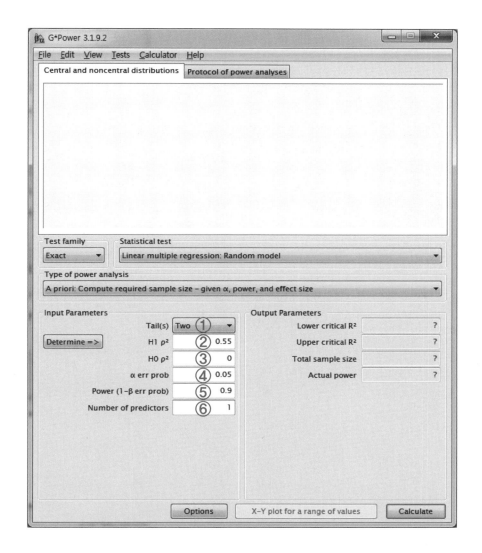

■ 단순회귀분석의 표본크기 결과출력

① 메인화면의 'Calculate' 단추를 누른다.

② 'Output Parameters' 항목의 값들이 계산된다.

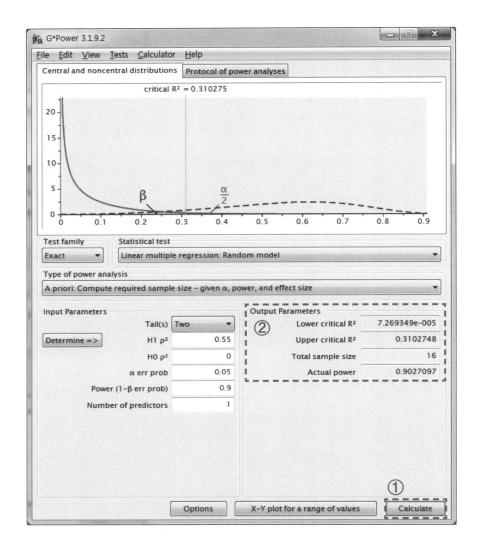

■ 단순회귀분석의 표본크기와 검정력 확인

- 표본크기는 16명 이상으로 산출되었다.

- 이때의 실제 검정력(Actual power)은 90.3%이다.

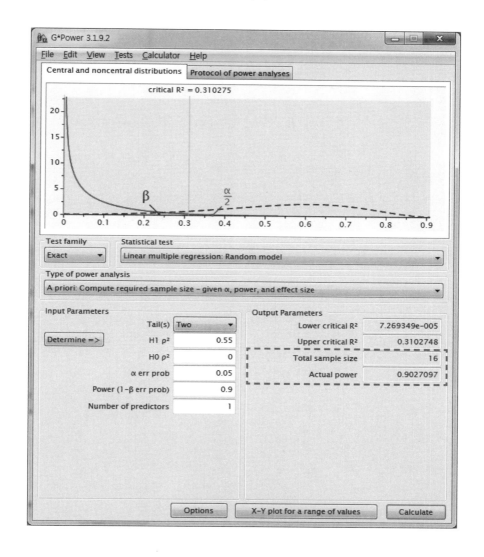

다중회귀분석의 표본크기 산출

30~50대 성인을 대상으로 체지방률, 체중, 만 나이, 신장의 독립변수 4개로 최대산소섭취량을 예측하는 회귀분석을 실시하고자 한다. 아래의 조건을 만족하는 표본의 크기를 산출하라.

- 몇 편의 선행연구를 참고한 결과 설명력(R^2)이 60% 정도일 것으로 판단된다.
- 유의수준은 .05 이내로 설정한다.
- 검정력은 90% 이상으로 설정한다.
- 독립변수는 체지방률, 체중, 만 나이, 신장으로 4개를 적용한다.

G*Power를 이용하여 표본의 크기를 산출하는 방법은 다음과 같다.

■ G*Power의 다중회귀분석 선택순서

① G*Power 프로그램의 'Test family' 항목에서 'Exact'를 선택한다.

② 'Statistical test' 항목에서 'Linear multiple regression: Random model'을 선택한다.

③ 'Type of power analysis' 항목에서 'A priori: Compute required sample size…'를 선택한다.

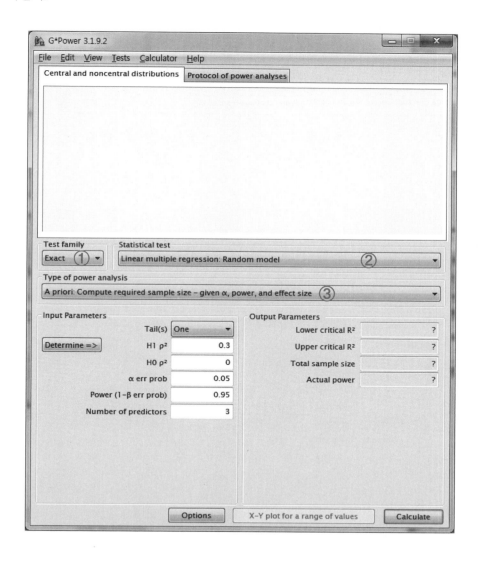

■ 다중회귀분석의 기본정보 입력

① 'Tail(s)' 항목에 'Two'를 선택한다(양측검정).

② 'H1 ρ(로)²' 항목에 '0.6'을 입력한다(선행연구의 설명력, R^2).

③ 'H0 ρ(로)²' 항목에 '0'을 입력한다(설명력이 있는가를 검정하는 것이므로 모집단의 설명력을 0으로 설정).

④ 'α err prob' 항목에 '0.05'를 입력한다(유의수준).

⑤ 'Power(1–β err prob)' 항목에 '0.9'를 입력한다(검정력).

⑥ 'Number of predictors' 항목에 '4'를 입력한다(독립변수의 개수).

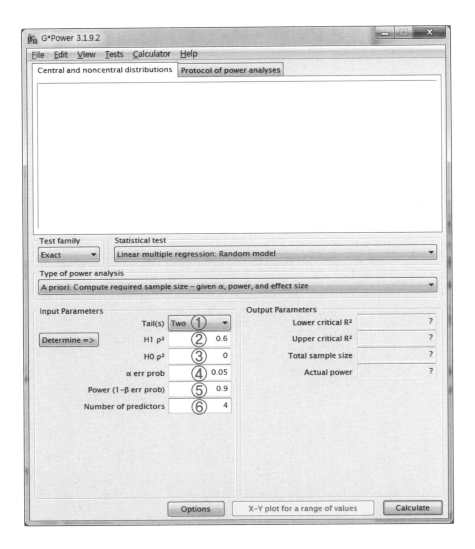

■ 다중회귀분석의 표본크기 결과출력

① 메인화면의 'Calculate' 단추를 누른다.

② 'Output Parameters' 항목의 값들이 계산된다.

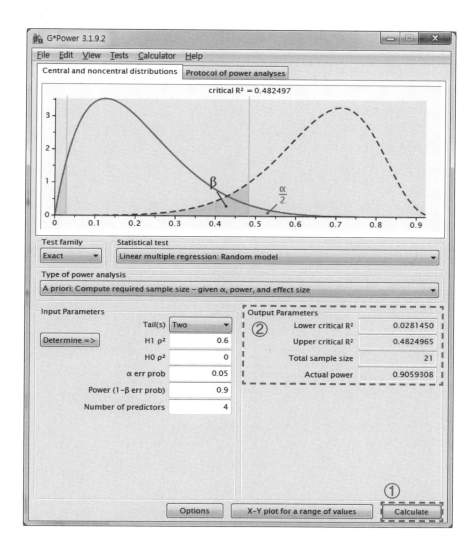

■ 다중회귀분석의 표본크기와 검정력 확인

- 표본크기는 21명 이상으로 산출되었다.

- 이때의 실제 검정력(Actual power)은 90.6%이다.

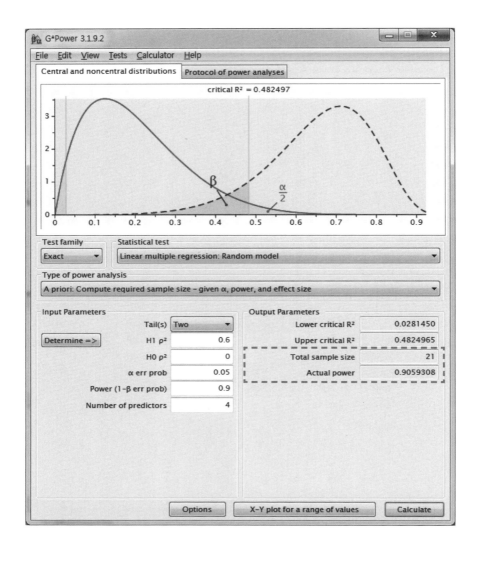

30대, 40대, 50대 성인을 대상으로 연령대별 최대심박수에 차이가 있는가를 일원분산분석으로 비교하고자 한다. 아래 조건을 만족하는 표본의 크기를 산출하라. 단, 유의수준은 .05 이내로, 검정력은 80% 이상으로 설정하고, 집단의 개수는 3개이다.

G*Power를 이용한 일원분산분석의 표본크기 산출방법은 세 가지가 있다.

① 선행연구의 '평균', '사례 수', '분산분석표 중 집단 내(오차) 평균제곱' 정보를 이용하는 방법: 아래 표에서 청색 정보 이용(ⓐ, ⓑ, ⓒ, ⓓ, ⓔ, ⓕ, ⓖ)

② 선행연구의 분산분석표 중 '집단 간(처치) 제곱합'과 '집단 내(오차) 제곱합' 정보를 이용하는 방법: 아래 표에서 회색 정보 이용(ⓗ, ⓘ)

③ 선행연구의 분산분석표 중 '부분 에타제곱' 정보를 이용하는 방법: 아래 표에서 검은색 정보 이용(ⓙ, 부분 에타제곱은 분산분석 실행 시 옵션으로 지정하면 표시된다.)

[표 3-1] 참고한 선행연구의 일원분산분석 중 기술통계량

연령대	평균	표준편차	N
30.00	184.1351 ⓐ	11.84273	27 ⓓ
40.00	170.1418 ⓑ	13.55848	26 ⓔ
50.00	163.0942 ⓒ	13.74326	11 ⓕ
합계	174.8339	15.19990	64

[표 3-2] 참고한 선행연구의 일원분산분석 중 분산분석표

소스	제 III 유형 제곱합	자유도	평균제곱	F	유의확률	부분 에타제곱
수정 모형	4424.241	2	2212.120	13.319	.000	.304
절편	1608536.793	1	1608536.793	9685.112	.000	.994
연령대	4424.241 ⓗ	2	2212.120	13.319	.000	.304 ⓙ
오차	10131.091 ⓘ	61	166.083 ⓖ			
합계	1970836.597	64				
수정 합계	14555.332	63				

G*Power를 이용하여 표본의 크기를 산출하는 방법은 다음과 같다.

■ G*Power의 일원분산분석 선택순서

① G*Power 프로그램의 'Test family' 항목에서 'F tests'를 선택한다.

② 'Statistical test' 항목에서 'ANOVA: Fixed effects, omnibus, one-way'를 선택한다.

③ 'Type of power analysis' 항목에서 'A priori: Compute required sample size...'를 선택한다.

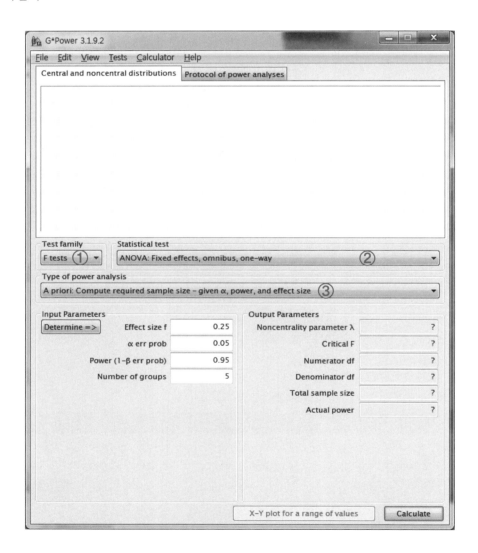

■ 일원분산분석의 기본정보 입력

① ‘α err prob’ 항목에 ‘0.05’를 입력한다(유의수준).

② ‘Power(1–β err prob)’ 항목에 ‘0.8’을 입력한다(검정력).

③ ‘Number of groups’ 항목에 ‘3’을 입력한다(비교집단의 개수).

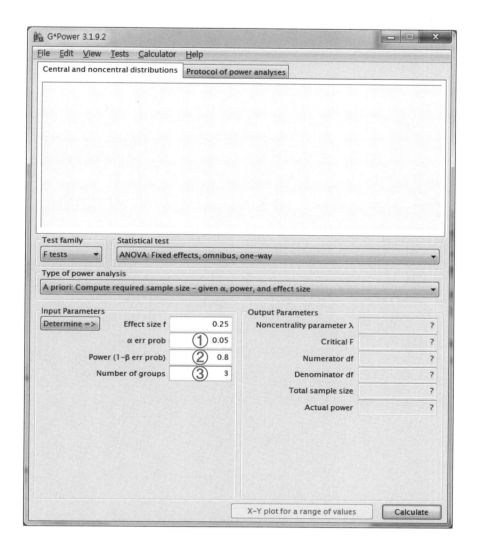

■ 일원분산분석의 확장화면 열기

① 'Determine=>' 단추를 누른다.

② 오른쪽에 확장된 창이 나타난다.

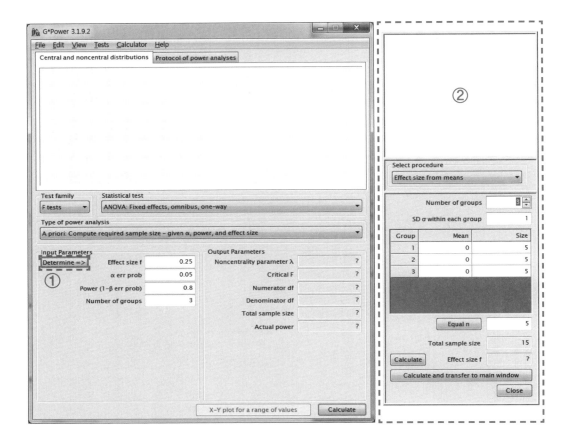

1) 선행연구의 '평균', '사례 수', '분산분석표 중 집단 내 오차 평균제곱(분산)' 정보를 이용하는 방법(ⓐ, ⓑ, ⓒ, ⓓ, ⓔ, ⓕ, ⓖ 이용)

■ 일원분산분석의 확장화면 입력 I

① 'Select procedure' 항목에 'Effect size from means'를 선택한다.

② 'Number of groups' 항목에 '3'을 입력한다(세 집단이므로).

③ 'SD σ(시그마) within each group' 항목에 선행연구 분산분석표 중 ⓖ에 있는 166.083
의 '제곱근($\sqrt{166.083} = 12.89$)'을 입력한다(집단 내 표준편차).

④ 선행연구의 '평균', '사례 수' 정보(ⓐ, ⓑ, ⓒ, ⓓ, ⓔ, ⓕ, ⓖ)를 차례로 입력한다.

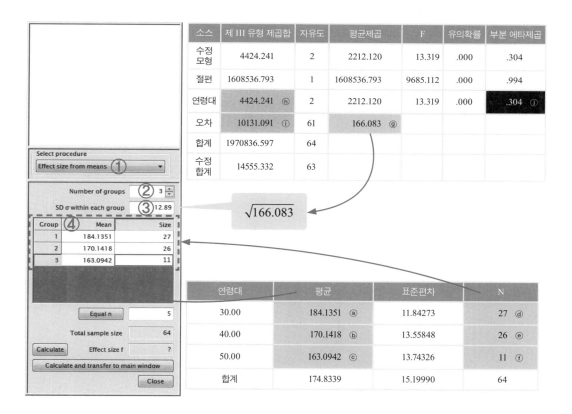

소스	제 III 유형 제곱합	자유도	평균제곱	F	유의확률	부분 에타제곱
수정모형	4424.241	2	2212.120	13.319	.000	.304
절편	1608536.793	1	1608536.793	9685.112	.000	.994
연령대	4424.241 ⓗ	2	2212.120	13.319	.000	.304 ⓘ
오차	10131.091 ⓙ	61	166.083 ⓖ			
합계	1970836.597	64				
수정합계	14555.332	63				

$\sqrt{166.083}$

연령대	평균	표준편차	N
30.00	184.1351 ⓐ	11.84273	27 ⓓ
40.00	170.1418 ⓑ	13.55848	26 ⓔ
50.00	163.0942 ⓒ	13.74326	11 ⓕ
합계	174.8339	15.19990	64

■ 일원분산분석의 효과크기 계산 Ⅰ

① 확장화면의 'Calculate' 단추를 누른다.

② 'Effect size f' 항목의 값이 계산된다.

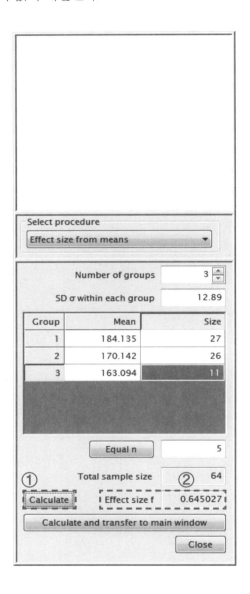

■ 일원분산분석의 효과크기 복사 I

① 확장화면의 'Calculate and transfer to main window' 단추를 누른다.

② 메인화면의 'Effect size f' 항목에 값이 복사된다.

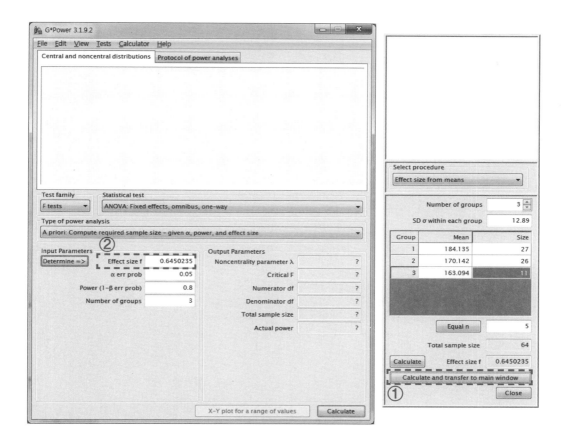

■ 일원분산분석의 표본크기 결과출력 Ⅰ

① 메인화면의 'Calculate' 단추를 누른다.

② 'Output Parameters' 항목의 값들이 계산된다.

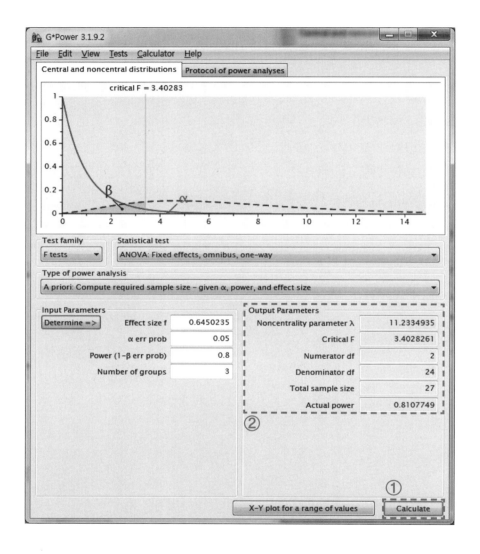

■ 일원분산분석의 표본크기와 검정력 확인 Ⅰ

• 전체 표본의 크기가 27명 이상으로 산출되었으므로 세 집단으로 나누면 각 집단의 표본크기는 9명이다.

• 이때의 실제 검정력(Actual power)은 81.1%이다.

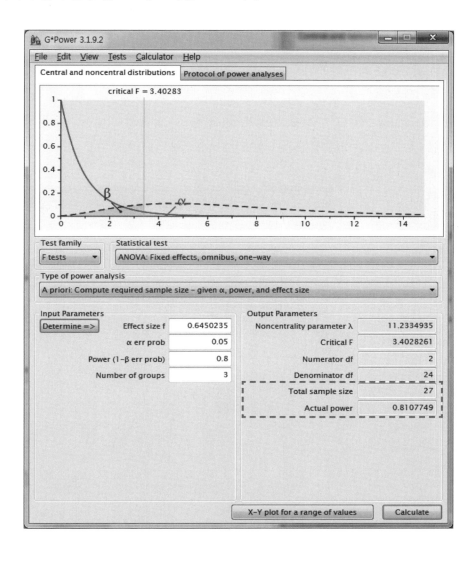

2) 선행연구의 분산분석표 중 '처치(집단 간)의 제곱합'과 '집단 내 오차제곱합' 정보를 이용하는 방법(ⓗ, ⓘ 이용)

■ 일원분산분석의 확장화면 입력 Ⅱ

① 'Select procedure' 항목에 'Effect size from variance'를 선택한다.

② 'From variances' 파트를 선택한다.

③ 'From variances' 파트의 'Variance explained by special effect' 항목에 선행연구의 분산분석표 중 ⓗ의 '4424.241'을 입력한다(집단처치의 분산을 입력).

④ 'From variances' 파트의 'Variance within groups' 항목에 선행연구의 분산분석표 중 ⓘ의 '10131.091'을 입력한다(집단 내 오차분산을 입력).

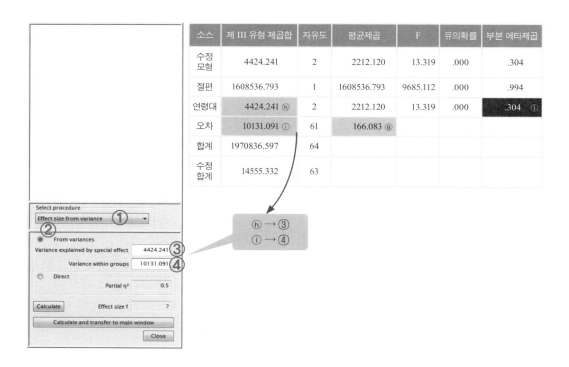

소스	제 Ⅲ 유형 제곱합	자유도	평균제곱	F	유의확률	부분 에타제곱
수정모형	4424.241	2	2212.120	13.319	.000	.304
절편	1608536.793	1	1608536.793	9685.112	.000	.994
연령대	4424.241 ⓗ	2	2212.120	13.319	.000	.304 ⓘ
오차	10131.091 ⓘ	61	166.083 ⓖ			
합계	1970836.597	64				
수정합계	14555.332	63				

ⓗ → ③
ⓘ → ④

■ 일원분산분석의 효과크기 계산 Ⅱ

① 확장화면의 'Calculate' 단추를 누른다.

② 'Partial η (에타)^2' 항목과 'Effect size f' 항목의 값이 계산된다.

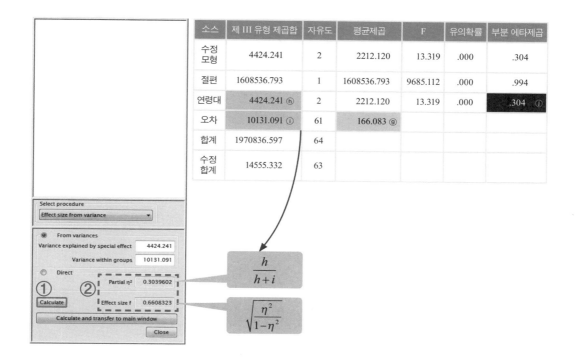

소스	제 III 유형 제곱합	자유도	평균제곱	F	유의확률	부분 에타제곱
수정 모형	4424.241	2	2212.120	13.319	.000	.304
절편	1608536.793	1	1608536.793	9685.112	.000	.994
연령대	4424.241 ⓗ	2	2212.120	13.319	.000	.304 ⓘ
오차	10131.091 ⓘ	61	166.083 ⓖ			
합계	1970836.597	64				
수정 합계	14555.332	63				

Select procedure
Effect size from variance ▼

● From variances
Variance explained by special effect   4424.241
Variance within groups   10131.091

○ Direct
①   ②   Partial η²   0.3039602
Calculate   Effect size f   0.6608323

Calculate and transfer to main window
Close

$$\dfrac{h}{h+i}$$

$$\sqrt{\dfrac{\eta^2}{1-\eta^2}}$$

■ 일원분산분석의 효과크기 복사 Ⅱ

① 확장화면의 'Calculate and transfer to main window' 단추를 누른다.

② 메인화면의 'Effect size f' 항목에 값이 복사된다.

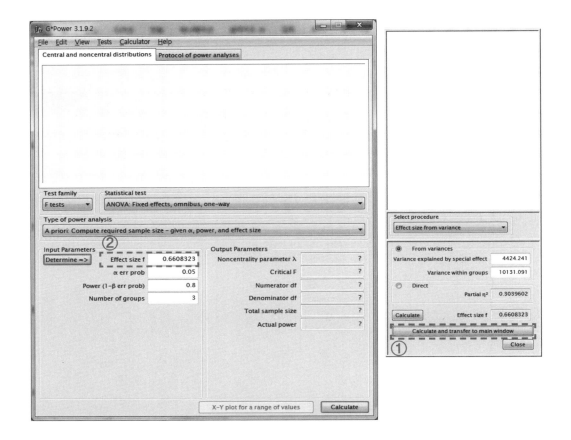

■ 일원분산분석의 표본크기 결과출력 Ⅱ

① 메인화면의 'Calculate' 단추를 누른다.

② 'Output Parameters' 항목의 값들이 계산된다.

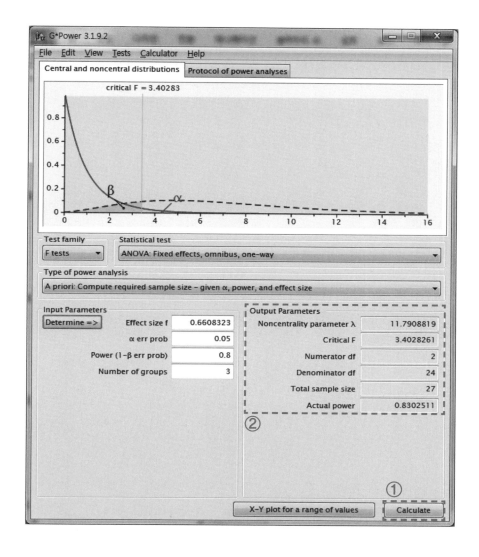

■ 일원분산분석의 표본크기와 검정력 확인 Ⅱ

- 전체 표본의 크기가 27명 이상으로 산출되었으므로 세 집단으로 나누면 각 집단의 표본크기는 9명이다.
- 이때의 실제 검정력(Actual power)은 83%이다.

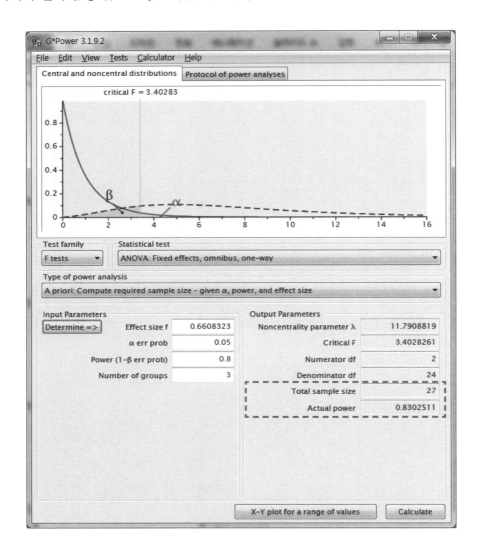

3) 선행연구의 분산분석표 중 '부분 에타제곱' 정보를 이용하는 방법(ⓘ 이용, 부분 에타제곱은 SPSS로 분산분석 실행 시 옵션으로 지정하면 표시된다)

■ 일원분산분석의 확장화면 입력 Ⅲ

① 'Select procedure' 항목에 'Effect size from variance'를 선택한다.

② 'Direct' 파트를 선택한다.

③ 'Direct' 파트의 'Partial η(에타)^2' 항목에 선행연구의 분산분석표 중 ⓘ의 값을 입력한다(에타제곱값을 직접 입력하는 방법).

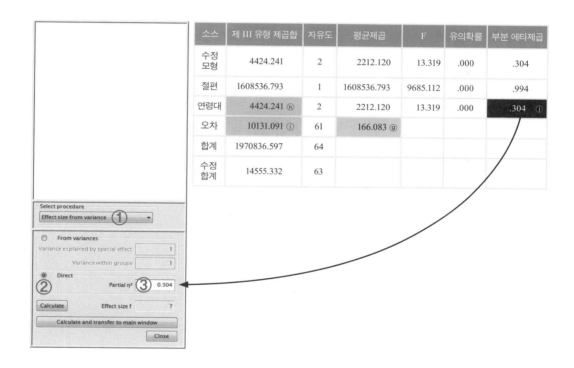

소스	제 III 유형 제곱합	자유도	평균제곱	F	유의확률	부분 에타제곱
수정모형	4424.241	2	2212.120	13.319	.000	.304
절편	1608536.793	1	1608536.793	9685.112	.000	.994
연령대	4424.241 ⓗ	2	2212.120	13.319	.000	.304 ⓘ
오차	10131.091 ⓘ	61	166.083 ⓖ			
합계	1970836.597	64				
수정합계	14555.332	63				

■ 일원분산분석의 효과크기 계산 Ⅲ

① 확장화면의 'Calculate' 단추를 누른다.

② 'Effect size f' 항목의 값이 계산된다.

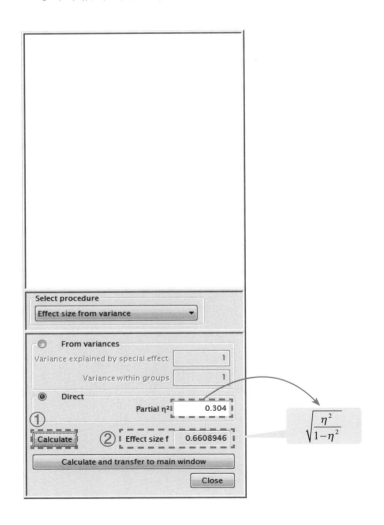

■ 일원분산분석의 효과크기 복사 Ⅲ

① 확장화면의 'Calculate and transfer to main window' 단추를 누른다.

② 메인화면의 'Effect size f' 항목에 값이 복사된다.

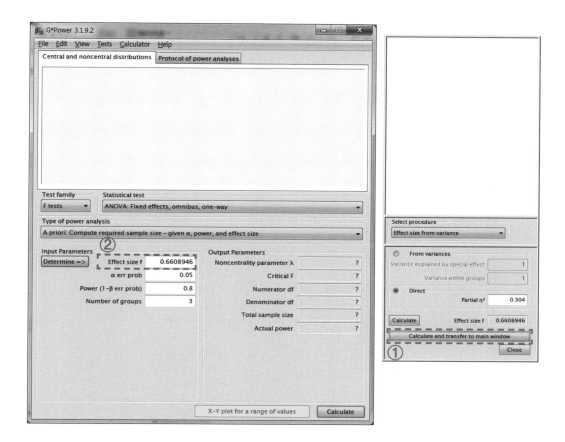

■ 일원분산분석의 표본크기 결과출력 Ⅲ

① 메인화면의 'Calculate' 단추를 누른다.

② 'Output Parameters' 항목의 값들이 계산된다.

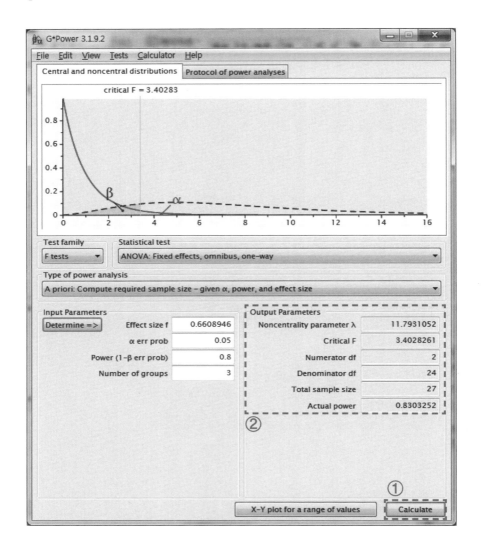

■ 일원분산분석의 표본크기와 검정력 확인 Ⅲ

• 전체 표본의 크기가 27명 이상으로 산출되었으므로 세 집단으로 나누면 각 집단의 표본크기는 9명이다.

• 이때의 실제 검정력(Actual power)은 83%이다.

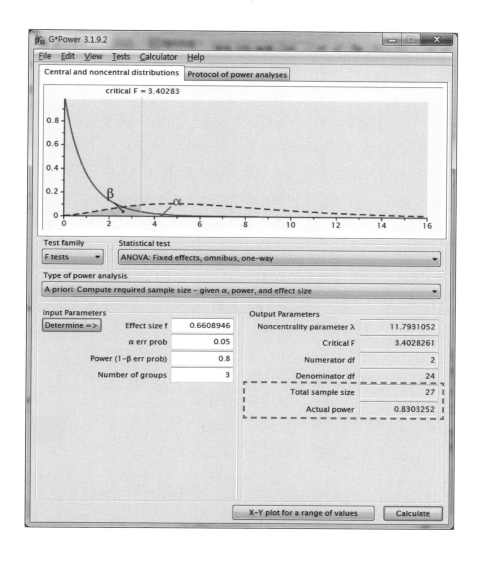

20대와 50대 남녀를 대상으로 근육량의 차이에 성별이 영향을 주는가를 확인하고자 한다(상호작용 효과의 검정). 다음의 조건을 만족하는 표본의 크기를 산출하라. 단, 유의수준은 .05 이내, 검정력은 90% 이상으로 설정한다.

G*Power를 이용한 이원분산분석의 표본크기 산출방법은 두 가지가 있다.

① 선행연구의 분산분석표 중 '처치(상호작용 효과)의 제곱합'과 '집단 내 오차제곱합' 정보를 이용하는 방법: 아래 표에서 청색 정보 이용(ⓐ, ⓑ)

② 선행연구의 분산분석표 중 '부분 에타제곱' 정보를 이용하는 방법: 아래 표에서 검은색 정보 이용(ⓒ, 부분 에타제곱은 SPSS로 분산분석 실행 시 옵션으로 지정하면 표시된다.)

[표 3-3] 참고한 선행연구의 이원분산분석 중 분산분석표

소스	제 III 유형 제곱합	자유도	평균제곱	F	유의확률	부분 에타제곱
수정 모형	3835.853	3	1278.618	55.247	.000	.772
절편	88513.390	1	88513.390	3824.503	.000	.987
성별	2820.277	1	2820.277	121.859	.000	.713
연령대	33.315	1	33.315	1.439	.236	.029
성별*연령대	109.965 ⓐ	1	109.965	4.751	.034	.088 ⓒ
오차	1134.044 ⓑ	49	23.144			
합계	110431.060	53				
수정 합계	4969.897	52				

G*Power를 이용하여 표본의 크기를 산출하는 방법은 다음과 같다.

■ G*Power의 이원분산분석 선택순서

① G*Power 프로그램의 'Test family' 항목에서 'F tests'를 선택한다.

② 'Statistical test' 항목에서 'ANOVA: Fixed effects, special, main effects and interactions'를 선택한다.

③ 'Type of power analysis' 항목에서 'A priori: Compute required sample size...'를 선택한다.

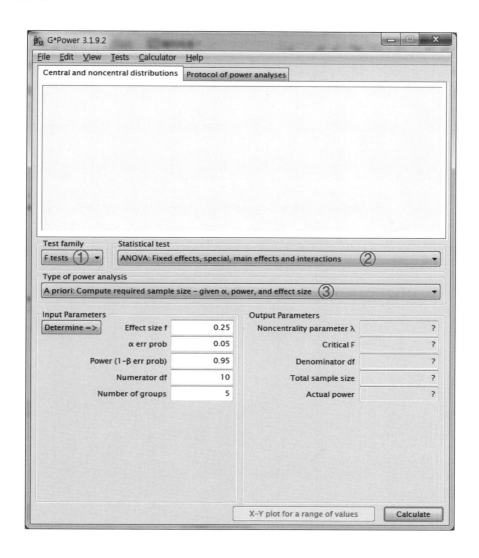

■ 이원분산분석의 기본정보 입력

① 'α err prob' 항목에 '0.05'를 입력한다(유의수준).

② 'Power(1–β err prob)' 항목에 '0.9'를 입력한다(검정력).

③ 'Numerator df' 항목에 '1'을 입력한다(독립변수의 개수–1=2–1=1).

④ 'Number of groups' 항목에 '4'를 입력한다(서로 다른 집단의 수, '성별(2)×연령대(2)'의 조합이므로 4개의 서로 다른 집단).

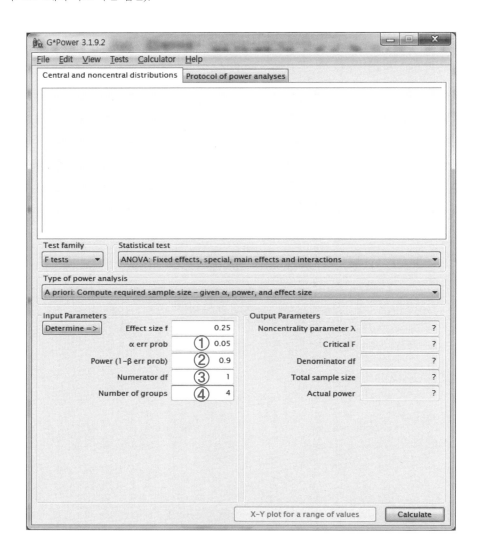

■ 이원분산분석의 확장화면 열기

① 'Determine=>' 단추를 누른다.

② 오른쪽에 확장된 창이 나타난다.

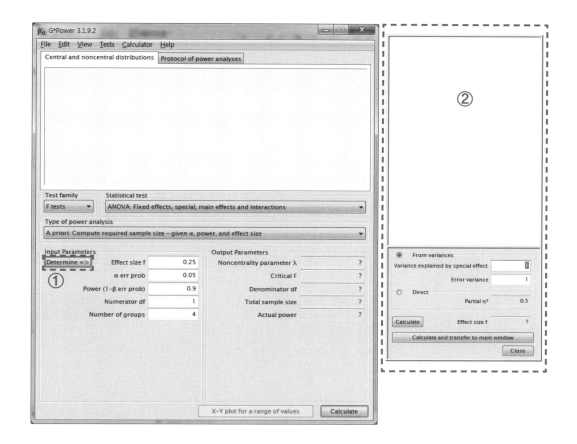

1) 선행연구의 분산분석표 중 '처치(상호작용 효과)의 제곱합'과 '집단 내 오차제곱합' 정보를 이용하는 방법(ⓐ, ⓑ 이용)

■ 이원분산분석의 확장화면 입력 Ⅰ

① 확장화면의 'From variances' 파트를 선택한다.

② 'From variances' 파트의 'Variance explained by special effect' 항목에 선행연구의 분산분석표 중 ⓐ의 '109.965'를 입력한다(상호작용의 분산을 입력).

③ 'From variances' 파트의 'Error variance' 항목에 선행연구의 분산분석표 중 ⓑ의 '1134.044'를 입력한다(집단 내 오차분산을 입력).

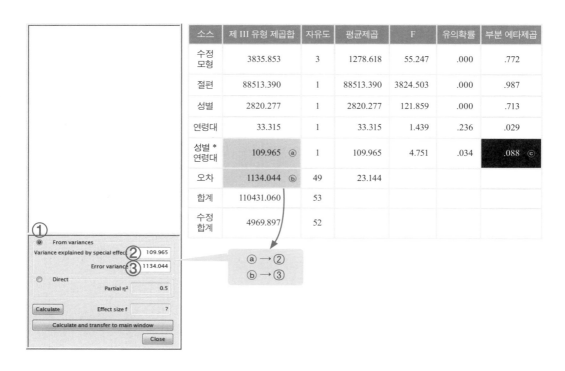

소스	제 III 유형 제곱합	자유도	평균제곱	F	유의확률	부분 에타제곱
수정 모형	3835.853	3	1278.618	55.247	.000	.772
절편	88513.390	1	88513.390	3824.503	.000	.987
성별	2820.277	1	2820.277	121.859	.000	.713
연령대	33.315	1	33.315	1.439	.236	.029
성별 * 연령대	109.965 ⓐ	1	109.965	4.751	.034	.088 ⓒ
오차	1134.044 ⓑ	49	23.144			
합계	110431.060	53				
수정 합계	4969.897	52				

ⓐ → ②
ⓑ → ③

■ 이원분산분석의 효과크기 계산 Ⅰ

① 확장화면의 'Calculate' 단추를 누른다.

② 'Partial η(에타)^2' 항목과 'Effect size f' 항목의 값이 계산된다.

소스	제 III 유형 제곱합	자유도	평균제곱	F	유의확률	부분 에타제곱
수정 모형	3835.853	3	1278.618	55.247	.000	.772
절편	88513.390	1	88513.390	3824.503	.000	.987
성별	2820.277	1	2820.277	121.859	.000	.713
연령대	33.315	1	33.315	1.439	.236	.029
성별 * 연령대	109.965 ⓐ	1	109.965	4.751	.034	.088 ⓒ
오차	1134.044 ⓑ	49	23.144			
합계	110431.060	53				
수정 합계	4969.897	52				

From variances
Variance explained by special effect 109.965
Error variance 1134.044

① Direct

② Partial η² 0.08839566

Calculate   Effect size f 0.3113955

Calculate and transfer to main window

Close

$$\frac{a}{a+b}$$

$$\sqrt{\frac{\eta^2}{1-\eta^2}}$$

■ 이원분산분석의 효과크기 복사 Ⅰ

① 확장화면의 'Calculate and transfer to main window' 단추를 누른다.

② 메인화면의 'Effect size f' 항목에 값이 복사된다.

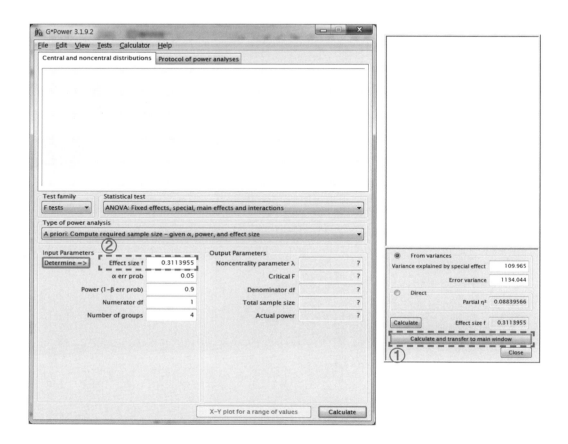

■ 이원분산분석의 표본크기 결과출력 Ⅰ

① 메인화면의 'Calculate' 단추를 누른다.

② 'Output Parameters' 항목의 값들이 계산된다.

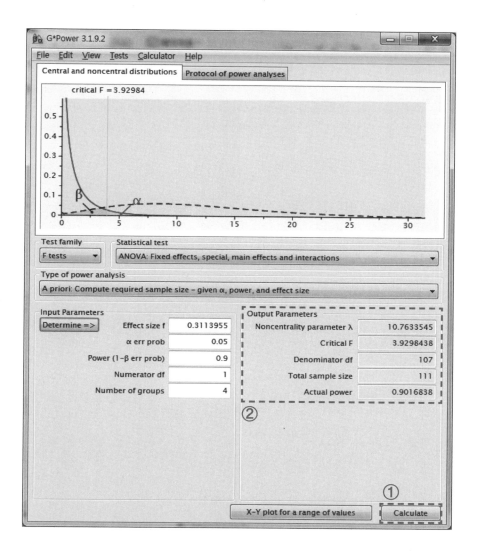

■ 이원분산분석의 표본크기와 검정력 확인 Ⅰ

• 전체 표본의 크기가 111명 이상으로 산출되었으므로 네 집단으로 나누면 각 집단의 표본크기는 27.75명이다. 따라서 남녀별로 20대, 50대를 각각 28명 이상 선정하는 것이 좋다.

• 이때의 실제 검정력(Actual power)은 90.2%이다.

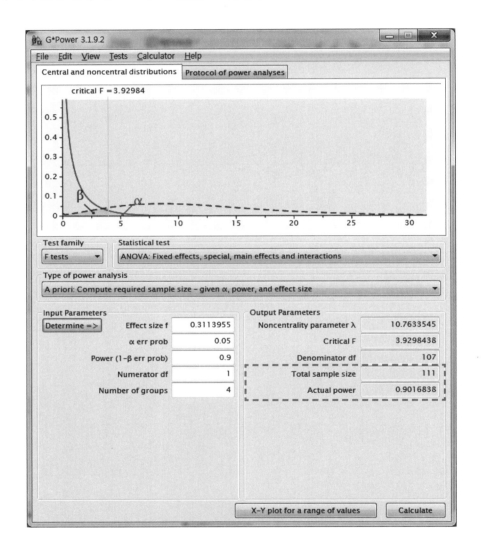

2) 선행연구의 분산분석표 중 '부분 에타제곱' 정보를 이용하는 방법(ⓒ 이용, 부분 에타제곱은
   SPSS로 분산분석 실행 시 옵션으로 지정하면 표시된다)

■ 이원분산분석의 확장화면 입력 Ⅱ
① 확장화면의 'Direct' 파트를 선택한다.
② 'Direct' 파트의 'Partial η (에타)^2' 항목에 선행연구의 분산분석표 중 ⓒ의 값 '0.088'을
   입력한다(에타제곱값을 직접 입력하는 방법).

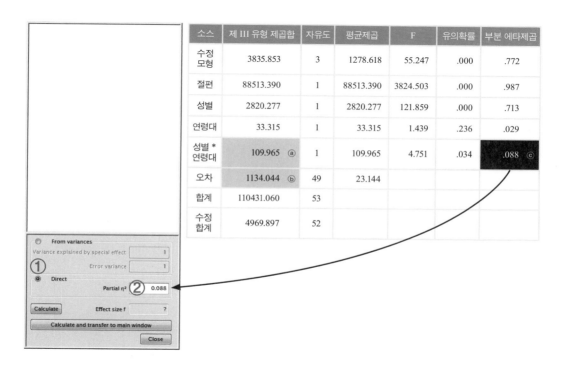

소스	제 III 유형 제곱합	자유도	평균제곱	F	유의확률	부분 에타제곱
수정 모형	3835.853	3	1278.618	55.247	.000	.772
절편	88513.390	1	88513.390	3824.503	.000	.987
성별	2820.277	1	2820.277	121.859	.000	.713
연령대	33.315	1	33.315	1.439	.236	.029
성별 * 연령대	109.965 ⓐ	1	109.965	4.751	.034	.088 ⓒ
오차	1134.044 ⓑ	49	23.144			
합계	110431.060	53				
수정 합계	4969.897	52				

■ 이원분산분석의 효과크기 계산 Ⅱ

① 확장화면의 'Calculate' 단추를 누른다.

② 'Effect size f' 항목의 값이 계산된다.

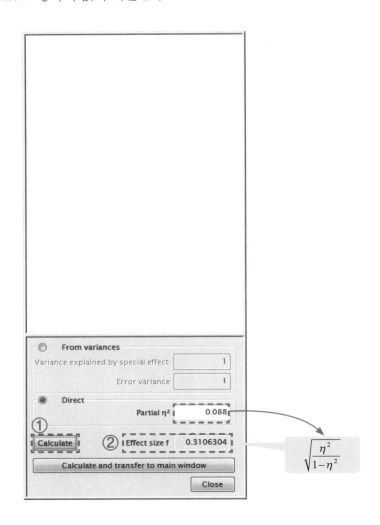

■ 이원분산분석의 효과크기 복사 Ⅱ

① 확장화면의 'Calculate and transfer to main window' 단추를 누른다.

② 메인화면의 'Effect size f' 항목에 값이 복사된다.

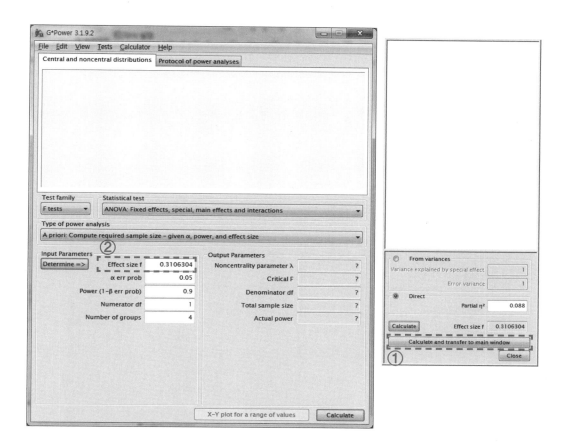

■ 이원분산분석의 표본크기 결과출력 Ⅱ

① 메인화면의 'Calculate' 단추를 누른다.

② 'Output Parameters' 항목의 값들이 계산된다.

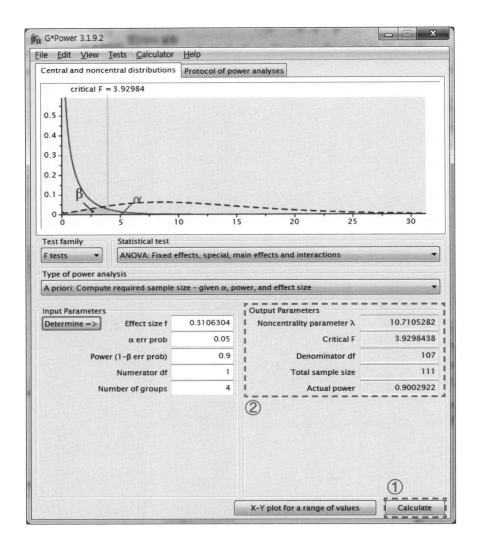

■ 이원분산분석의 표본크기와 검정력 확인 Ⅱ

- 전체 표본의 크기가 111명 이상으로 산출되었으므로 네 집단으로 나누면 각 집단의 표본크기는 27.75명이다. 따라서 남녀별로 20대, 50대를 각각 28명 이상 선정하는 것이 좋다.
- 이때의 실제 검정력(Actual power)은 90%이다.

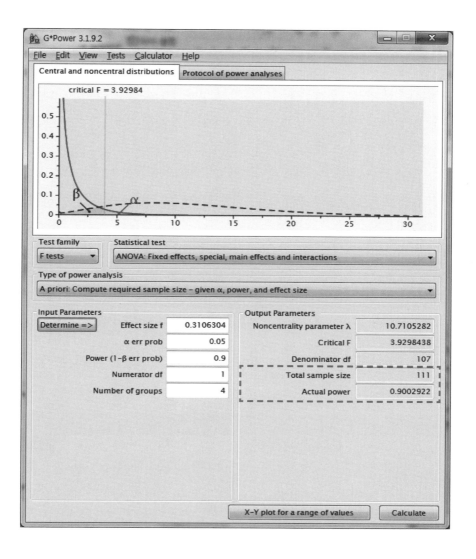

중년 비만여성들에게 새로운 형태의 유산소성 복합운동 프로그램을 6개월 간 적용시키면서 프로그램 직전, 프로그램 3개월 후와 6개월 후에 각각 체지방률을 측정하여 복합운동 기간에 따른 체지방률의 변화가 있는가를 관찰할 예정이다. 다음의 조건을 만족하는 표본의 크기를 산출하라. 단, 유의수준은 .05 이내로, 검정력은 90% 이상으로 설정한다.

G*Power를 이용한 반복일원분산분석의 표본크기 산출방법은 두 가지가 있다.

① 선행연구의 분산분석표 중 '처치(반복측정 간)의 제곱합'과 '반복측정 내 오차제곱합' 정보를 이용하는 방법: 아래 표에서 청색 정보 이용(ⓐ, ⓑ)

② 선행연구의 분산분석표 중 '부분 에타제곱' 정보를 이용하는 방법: 아래 표에서 검은색 정보 이용(ⓒ, 부분 에타제곱은 SPSS로 분산분석 실행 시 옵션으로 지정하면 표시된다.)

[표 3-4] 참고한 선행연구의 반복일원분산분석 중 구형성 가정(sphericity) 검정결과

개체-내 효과	Mauchly의 W	근사 카이제곱	자유도	유의확률	엡실론[b]		
					Greenhouse-Geisser	Huynh-Feldt	하한값
측정 시기	.689	3.728	2	.155	.763	.860	.500

정규화된 변형 종속변수의 오차 공분산행렬이 단위행렬에 비례하는 영가설을 검정합니다.
b. 유의성 평균검정의 자유도를 조절할 때 사용할 수 있습니다. 수정된 검정은 개체 내 효과검정표에 나타납니다.

[표 3-5] 참고한 선행연구의 반복일원분산분석 중 분산분석표

소스		제 III 유형 제곱합	자유도	평균제곱	F	유의확률	부분 에타제곱
측정 시기	구형성 가정	153.140 ⓐ	2	76.570	49.584	.000	.818 ⓒ
	Greenhouse-Geisser	153.140	1.525	100.400	49.584	.000	.818
	Huynh-Feldt	153.140	1.721	88.996	49.584	.000	.818
	하한값	153.140	1.000	153.140	49.584	.000	.818
오차 (측정 시기)	구형성 가정	33.973 ⓑ	22	1.544			
	Greenhouse-Geisser	33.973	16.778	2.025			
	Huynh-Feldt	33.973	18.928	1.795			
	하한값	33.973	11.000	3.088			

G*Power를 이용하여 표본의 크기를 산출하는 방법은 다음과 같다.

■ G*Power의 반복일원분산분석 선택순서

① G*Power 프로그램의 'Test family' 항목에서 'F tests'를 선택한다.

② 'Statistical test' 항목에서 'ANOVA: Repeated measures, within factors'를 선택한다.

③ 'Type of power analysis' 항목에서 'A priori: Compute required sample size...'를 선택한다.

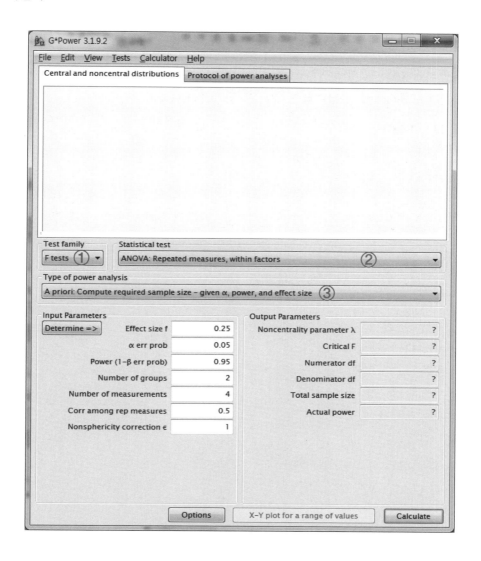

Repeated measures의 세 가지 종류

- **between**: 반복설계지만 집단 간 차이를 보고자 할 때(집단 간 주 효과)
- **within**: 반복측정 간 차이를 보고자 할 때(반복측정 간 주 효과)
- **within-between**: 반복측정의 효과가 집단에 따라 달리 나타나는가를 보고자 할 때(상호작용 효과)

■ 반복일원분산분석의 기본정보 입력

① 'α err prob' 항목에 '0.05'를 입력한다(유의수준).

② 'Power(1–β err prob)' 항목에 '0.9'를 입력한다(검정력).

③ 'Number of groups' 항목에 '1'을 입력한다(비교집단의 개수).

④ 'Number of measurements' 항목에 '3'을 입력한다(반복측정 횟수).

⑤ 'Nonsphericity correction ε(엡실론)' 항목에 '1'을 입력한다(구형성 가정 만족 여부에 따라 입력값이 달라진다).

⑥ 'Options' 단추를 누른다.

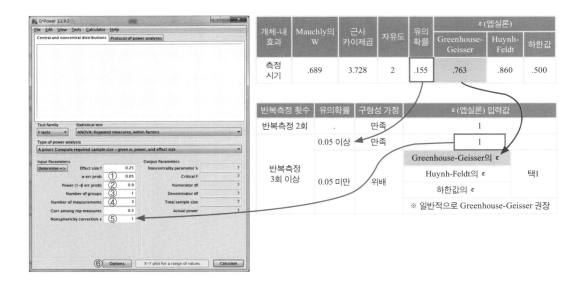

개체-내 효과	Mauchly의 W	근사 카이제곱	자유도	유의 확률	ε (엡실론)		
					Greenhouse-Geisser	Huynh-Feldt	하한값
측정 시기	.689	3.728	2	.155	.763	.860	.500

반복측정 횟수	유의확률	구형성 가정	ε (엡실론) 입력값	
반복측정 2회	.	만족	1	
반복측정 3회 이상	0.05 이상	만족	1	
	0.05 미만	위배	Greenhouse-Geisser의 ε	택1
			Huynh-Feldt의 ε	
			하한값의 ε	
			※ 일반적으로 Greenhouse-Geisser 권장	

Nonsphericity correction ε(엡실론) 항목은?

- 구형성 가정이 성립되지 않을 때에는 수정된 ε(엡실론) 값을 입력한다.
- 분산분석 결과 중 '구형성 검정표'를 보고 다음과 같이 판단한다.

[표 3-6] 구형성 가정 검정결과 적용방법

반복측정 횟수	유의확률	구형성 가정	ε (엡실론) 입력값	
반복측정 2회	.	만족	1	
반복측정 3회 이상	.05 이상	만족	1	
	.05 미만	위배	Greenhouse-Geisser의 ε	택 1
			Huynh-Feldt의 ε	
			하한값의 ε	
			※ 일반적으로 Greenhouse-Geisser 권장	

■ 반복일원분산분석의 옵션 선택

① 'Choose Options' 대화상자가 열리면 'as in Cohen(1988)-recommended' 항목을 선택한다.
② 'OK' 단추를 누른다.

• 원래 화면으로 돌아오면 'Corr among rep measures' 항목이 사라진 것을 확인할 수
있다.

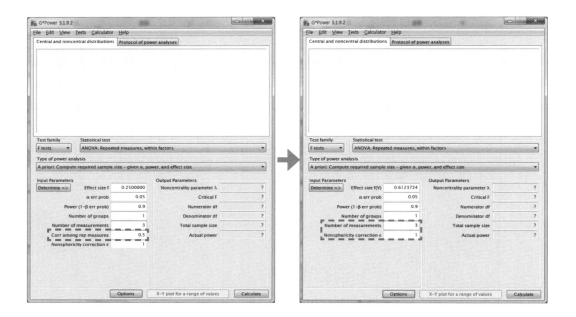

Corr among rep measures 항목이란?

• 'Options'에서 'as in GPower 3.0'을 선택했을 때 나타나는 항목이다.
• 반복측정값 간 상관계수를 입력하는 항목이다.
• 반복측정값 간 상관계수가 여러 개인 경우 평균값을 입력한다.
• 'Options'에서 'as in GPower 3.0' 이외의 항목을 선택했을 때에는 사라진다.

■ 반복일원분산분석의 확장화면 열기

① 'Determine=>' 단추를 누른다.

② 오른쪽에 확장된 창이 나타난다.

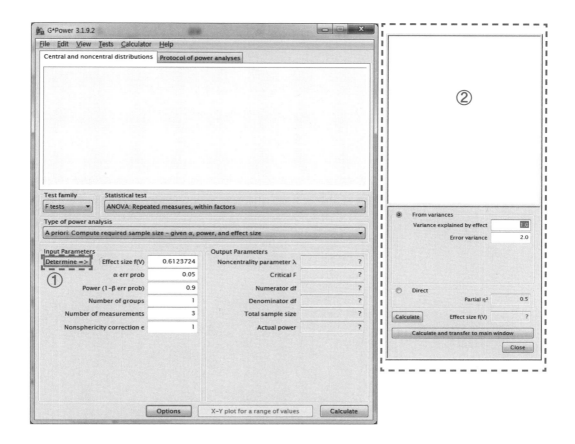

1) 선행연구의 분산분석표 중 '처치(반복측정 간)의 제곱합'과 '반복측정 내 오차제곱합' 정보를 이용하는 방법(ⓐ, ⓑ 이용)

■ 반복일원분산분석의 확장화면 입력 I

① 확장화면의 'From variances' 파트를 선택한다.

② 'From variances' 파트의 'Variance explained by effect' 항목에 선행연구의 분산분석표 중 ⓐ의 '153.140'을 입력한다(반복처치 간의 분산을 입력).

③ 'From variances' 파트의 'Error variance' 항목에 선행연구의 분산분석표 중 ⓑ의 '33.973'을 입력한다(반복처치 내 오차분산을 입력).

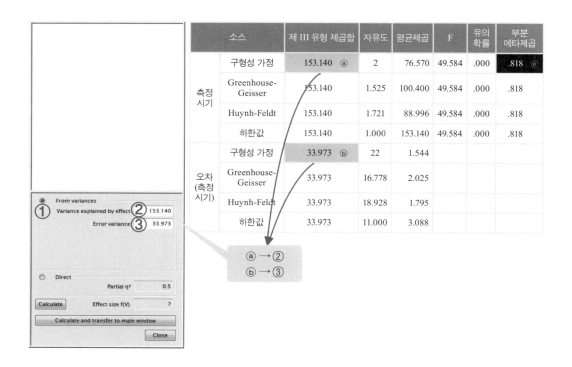

소스		제 III 유형 제곱합	자유도	평균제곱	F	유의확률	부분 에타제곱
측정 시기	구형성 가정	153.140 ⓐ	2	76.570	49.584	.000	.818 ⓒ
	Greenhouse-Geisser	153.140	1.525	100.400	49.584	.000	.818
	Huynh-Feldt	153.140	1.721	88.996	49.584	.000	.818
	하한값	153.140	1.000	153.140	49.584	.000	.818
오차 (측정 시기)	구형성 가정	33.973 ⓑ	22	1.544			
	Greenhouse-Geisser	33.973	16.778	2.025			
	Huynh-Feldt	33.973	18.928	1.795			
	하한값	33.973	11.000	3.088			

ⓐ → ②
ⓑ → ③

■ 반복일원분산분석의 효과크기 계산 Ⅰ

① 확장화면의 'Calculate' 단추를 누른다.

② 'Partial η(에타)^2' 항목과 'Effect size f(V)' 항목의 값이 계산된다.

소스		제 Ⅲ 유형 제곱합	자유도	평균제곱	F	유의확률	부분 에타제곱
측정 시기	구형성 가정	153.140 ⓐ	2	76.570	49.584	.000	.818 ⓒ
	Greenhouse-Geisser	153.140	1.525	100.400	49.584	.000	.818
	Huynh-Feldt	153.140	1.721	88.996	49.584	.000	.818
	하한값	153.140	1.000	153.140	49.584	.000	.818
오차 (측정 시기)	구형성 가정	33.973 ⓑ	22	1.544			
	Greenhouse-Geisser	33.973	16.778	2.025			
	Huynh-Feldt	33.973	18.928	1.795			
	하한값	33.973	11.000	3.088			

From variances
Variance explained by effect   153.140
Error variance   33.973

Direct
① ② Partial η²   0.8184359
Calculate   Effect size f(V)   2.123134
Calculate and transfer to main window
Close

$$\frac{a}{a+b}$$

$$\sqrt{\frac{\eta^2}{1-\eta^2}}$$

■ 반복일원분산분석의 효과크기 복사 I

① 확장화면의 'Calculate and transfer to main window' 단추를 누른다.

② 메인화면의 'Effect size f(V)' 항목에 값이 복사된다.

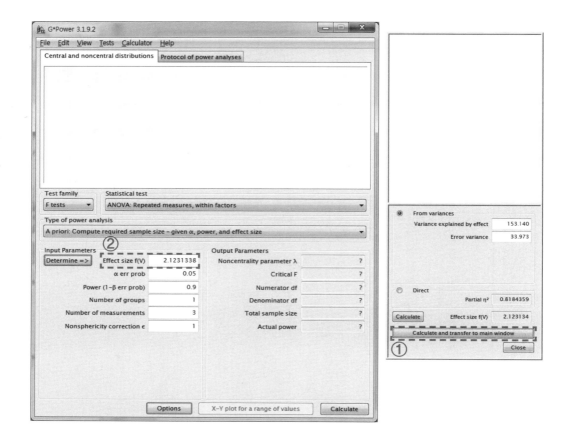

■ 반복일원분산분석의 표본크기 결과출력 Ⅰ

① 메인화면의 'Calculate' 단추를 누른다.

② 'Output Parameters' 항목의 값들이 계산된다.

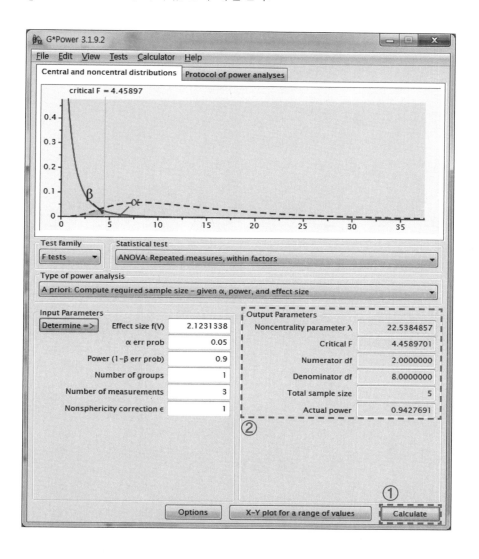

■ 반복일원분산분석의 표본크기와 검정력 확인 Ⅰ

• 전체 표본의 크기가 5명 이상으로 산출되었다. 한 집단에 대한 반복측정이므로 최종 표본의 크기는 5명 이상이다.

• 이때의 실제 검정력(Actual power)은 94.3%이다.

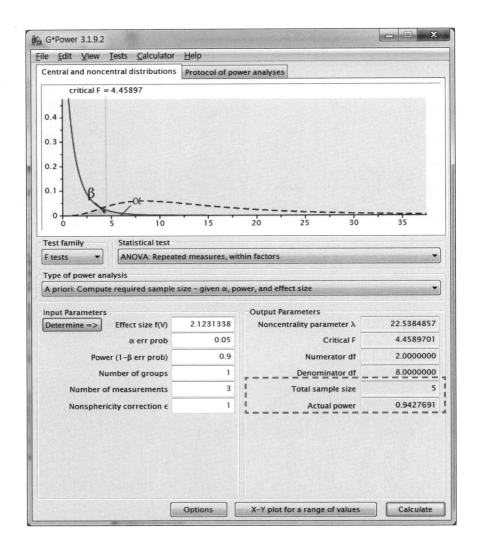

2) 선행연구의 분산분석표 중 '부분 에타제곱' 정보를 이용하는 방법(ⓒ 이용, 부분 에타제곱은
   SPSS로 분산분석 실행 시 옵션으로 지정하면 표시된다)

■ 반복일원분산분석의 확장화면 입력 Ⅱ

① 확장화면의 'Direct' 파트를 선택한다.

② 'Direct' 파트의 'Partial η(에타)²' 항목에 선행연구의 분산분석표 중 ⓒ의 값을 입력한
   다(에타제곱값을 직접 입력하는 방법).

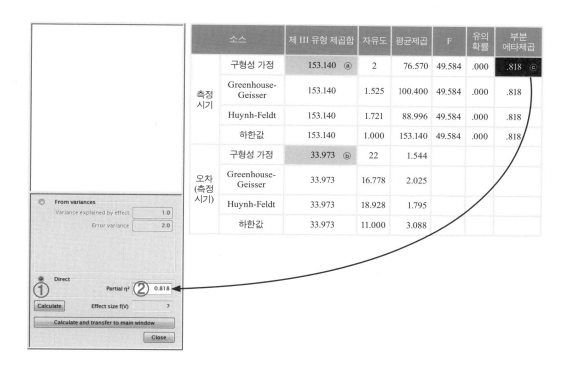

	소스	제 III 유형 제곱합	자유도	평균제곱	F	유의확률	부분 에타제곱
측정 시기	구형성 가정	153.140 ⓐ	2	76.570	49.584	.000	.818 ⓒ
	Greenhouse-Geisser	153.140	1.525	100.400	49.584	.000	.818
	Huynh-Feldt	153.140	1.721	88.996	49.584	.000	.818
	하한값	153.140	1.000	153.140	49.584	.000	.818
오차 (측정 시기)	구형성 가정	33.973 ⓑ	22	1.544			
	Greenhouse-Geisser	33.973	16.778	2.025			
	Huynh-Feldt	33.973	18.928	1.795			
	하한값	33.973	11.000	3.088			

■ 반복일원분산분석의 효과크기 계산 Ⅱ

① 확장화면의 'Calculate' 단추를 누른다.

② 'Effect size f(V)' 항목의 값이 계산된다.

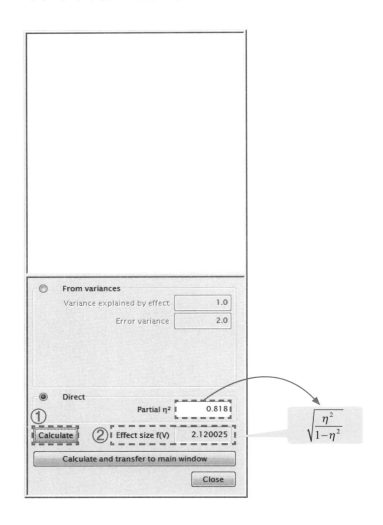

■ 반복일원분산분석의 효과크기 복사 Ⅱ

① 확장화면의 'Calculate and transfer to main window' 단추를 누른다.

② 메인화면의 'Effect size f(V)' 항목에 값이 복사된다.

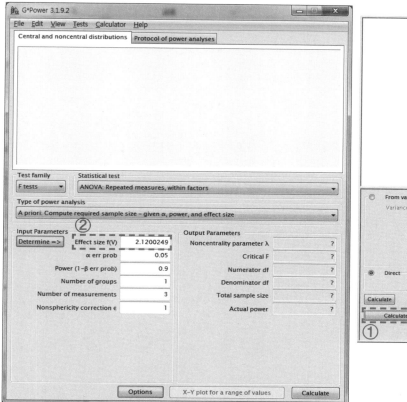

■ 반복일원분산분석의 표본크기 결과출력 Ⅱ

① 메인화면의 'Calculate' 단추를 누른다.

② 'Output Parameters' 항목의 값들이 계산된다.

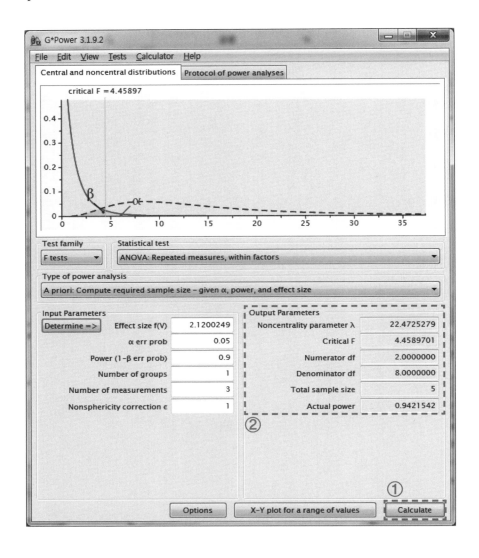

- **반복일원분산분석의 표본크기와 검정력 확인 Ⅱ**

- 전체 표본의 크기는 5명 이상으로 산출되었다. 한 집단에 대한 반복측정이므로 최종
  표본의 크기는 5명 이상이다.

- 이때의 실제 검정력(Actual power)은 94.2%이다.

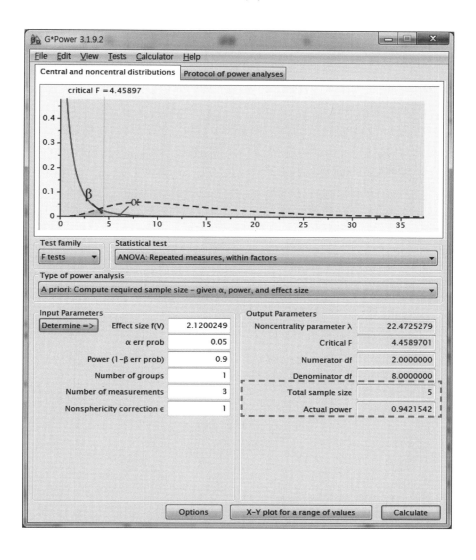

표본의 크기가 5명으로 계산되면 정말 5명만 추출할 것인가?

검정력을 이용한 표본의 크기 산출은 연구자의 임상적 경험 또는 선행연구의 결과를 참고하여 연구자가 설정한 유의수준과 검정력을 만족하는 최소 표본의 크기를 제시하는 것이다.

만약 적용할 통계분석방법이 모집단을 예측하는 모수통계이면 모집단이 정규분포를 이룬다는 가정이 성립되도록 표본의 크기를 다음과 같이 조정해야 한다.

- 한 집단의 표본크기는 30명 이상이 권장된다(중심극한의 정리). 이 경우 통계분석 적용 전 정규성 검정을 생략할 수 있다.
- 한 집단의 표본크기는 최소 10명 이상으로 설정한다. 이 경우 통계분석 적용 전 정규성 검정을 통해 모집단의 정규성 만족 여부를 확인해야 한다. 정규성이 만족되지 않으면 표본을 추가로 추출하거나 또는 비모수적 통계방법을 적용한다.
- 부득이 10명 미만으로 실험해야 하는 경우에는 모집단의 정규성을 보장하기 어려우므로 비모수적 통계방법을 적용한다.

반복이원분산분석은 독립변수가 두 개이고 이들 독립변수 중 반복요인이 포함된 경우로서 다음의 두 가지를 생각해볼 수 있다.

- 독립변수 두 개 모두 반복요인인 경우
- 독립변수 두 개 중 한 개만 반복요인인 경우

스포츠 의·과학 분야에서는 주로 서로 다른 여러 개의 집단에 대해 각각 다른 처치를 적용하여 기간에 따른 효과를 검정한다. 따라서 반복요인이 하나인 경우를 자주 사용한다. 이 절에서는 반복요인이 하나인 반복이원분산분석에 대해 표본크기 산출방법을 설명한다.

> 동일한 남녀를 대상으로 해수면 수준과 3,000 m 고도 환경에서 각각 유산소성 운동능력을 측정하여 고도 변화에 따른 유산소성 운동능력의 변화에 남녀 간 차이가 있는가를 확인하고자 한다. 다음의 조건을 만족하는 표본의 크기를 산출하라. 단, 유의수준은 .05 이내로, 검정력은 90% 이상으로 설정한다.

G*Power를 이용한 반복이원분산분석의 표본크기 산출방법은 두 가지가 있다.
① 선행연구의 분산분석표 중 '상호작용의 제곱합'과 '반복측정 내 오차제곱합' 정보를 이용하는 방법: 아래 표에서 청색 정보 이용(ⓐ, ⓑ)
② 선행연구의 분산분석표 중 '부분 에타제곱' 정보를 이용하는 방법: 아래 표에서 검은색 정보 이용(ⓒ, 부분 에타제곱은 SPSS로 분산분석 실행 시 옵션으로 지정하면 표시된다.)

[표 3-7] 참고한 선행연구의 반복이원분산분석 중 구형성 가정 검정결과

개체-내 효과	Mauchly의 W	근사 카이제곱	자유도	유의확률	ε(엡실론)[b]		
					Greenhouse-Geisser	Huynh-Feldt	하한값
고도	1.000	.000	0	.	1.000	1.000	1.000

정규화된 변형 종속변수의 오차 공분산행렬이 단위행렬에 비례하는 영가설을 검정합니다.
b. 유의성 평균검정의 자유도를 조절할 때 사용할 수 있습니다. 수정된 검정은 개체 내 효과검정표에 나타납니다.

[표 3-8] 참고한 선행연구의 반복이원분산분석 중 분산분석표

소스		제 III 유형 제곱합	자유도	평균제곱	F	유의확률	부분 에타제곱
고도	구형성 가정	120265.855	1	120265.855	276.004	.000	.619
	Greenhouse-Geisser	120265.855	1.000	120265.855	276.004	.000	.619
	Huynh-Feldt	120265.855	1.000	120265.855	276.004	.000	.619
	하한값	120265.855	1.000	120265.855	276.004	.000	.619
고도* 성별	구형성 가정	5586.437 ⓐ	1	5586.437	12.821	.000	.070 ⓒ
	Greenhouse-Geisser	5586.437	1.000	5586.437	12.821	.000	.070
	Huynh-Feldt	5586.437	1.000	5586.437	12.821	.000	.070
	하한값	5586.437	1.000	5586.437	12.821	.000	.070
오차 (고도)	구형성 가정	74075.828 ⓑ	170	435.740			
	Greenhouse-Geisser	74075.828	170.000	435.740			
	Huynh-Feldt	74075.828	170.000	435.740			
	하한값	74075.828	170.000	435.740			

G*Power를 이용하여 표본의 크기를 산출하는 방법은 다음과 같다.

■ G*Power의 반복이원분산분석 선택순서

① G*Power 프로그램의 'Test family' 항목에서 'F tests'를 선택한다.

② 'Statistical test' 항목에서 'ANOVA: Repeated measures, within-between interaction'을 선택한다.

③ 'Type of power analysis' 항목에서 'A priori: Compute required sample size...'를 선택한다.

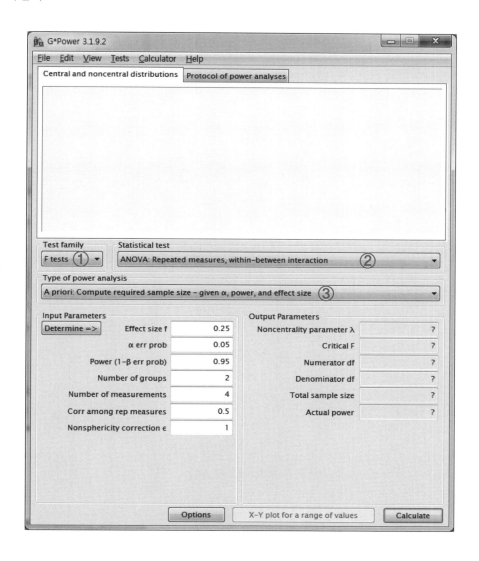

① 'α err prob' 항목에 '0.05'를 입력한다(유의수준).

② 'Power($1-\beta$ err prob)' 항목에 '0.9'를 입력한다(검정력).

③ 'Number of groups' 항목에 '2'를 입력한다(비교집단의 개수).

④ 'Number of measurements' 항목에 '2'를 입력한다(반복측정 횟수).

⑤ 'Nonsphericity correction ε(엡실론)' 항목에 '1'을 입력한다(구형성 가정 만족 여부에 따라 입력값이 달라진다).

⑥ 'Options' 단추를 누른다.

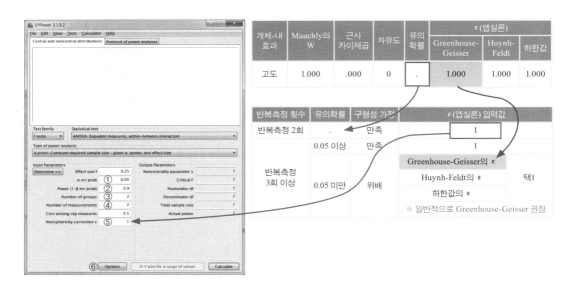

개체-내 효과	Mauchly의 W	근사 카이제곱	자유도	유의 확률	ε(엡실론)		
					Greenhouse-Geisser	Huynh-Feldt	하한값
고도	1.000	.000	0	.	1.000	1.000	1.000

반복측정 횟수	유의확률	구형성 가정	ε(엡실론) 입력값	
반복측정 2회	.	만족	1	
반복측정 3회 이상	0.05 이상	만족	1	
	0.05 미만	위배	Greenhouse-Geisser의 ε	택1
			Huynh-Feldt의 ε	
			하한값의 ε	
			※ 일반적으로 Greenhouse-Geisser 권장	

Nonsphericity correction ε(엡실론) 항목은? [표 3-6]과 같다.

■ 반복이원분산분석의 옵션 선택

① 'Choose Options' 대화상자가 열리면 'as in Cohen(1988)-recommended' 항목을 선택한다.

② 'OK' 단추를 누른다.

■ 반복이원분산분석의 옵션 적용 전후 비교

• 원래 화면으로 돌아오면 'Corr among rep measures' 항목이 사라진 것을 확인할 수 있다.

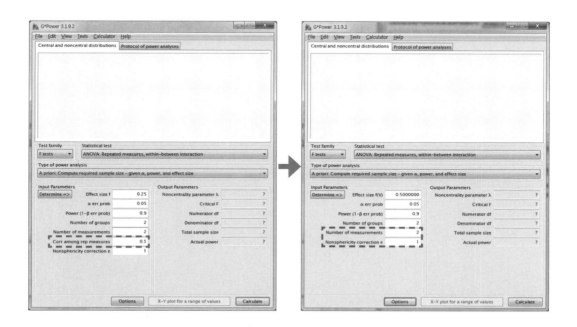

Corr among rep measures 항목이란?

- '·Options'에서 'as in GPower 3.0'을 선택했을 때 나타나는 항목이다.
- 반복측정값 간 상관계수를 입력하는 항목이다.
- 반복측정값 간 상관계수가 여러 개인 경우 평균값을 입력한다.
- 'Options'에서 'as in GPower 3.0' 이외의 항목을 선택했을 때에는 사라진다.

■ 반복이원분산분석의 확장화면 열기

① 'Determine=>' 단추를 누른다.

② 오른쪽에 확장된 창이 나타난다.

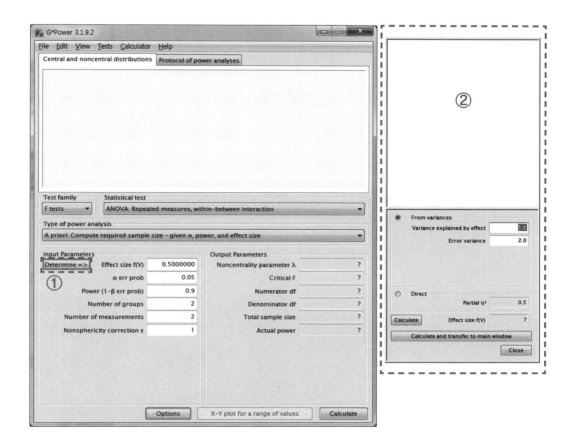

1) 선행연구의 분산분석표 중 '상호작용의 제곱합'과 '반복측정 내 오차제곱합' 정보를 이용하는 방법(ⓐ, ⓑ 이용)

■ 반복이원분산분석의 확장화면 입력 Ⅰ

① 확장화면의 'From variances' 파트를 선택한다.

② 'From variances' 파트의 'Variance explained by effect' 항목에 선행연구의 분산분석표 중 ⓐ의 '5586.437'을 입력한다(상호작용의 분산을 입력).

③ 'From variances' 파트의 'Error variance' 항목에 선행연구의 분산분석표 중 ⓑ의 '74075.828'을 입력한다(반복측정 내 오차분산을 입력).

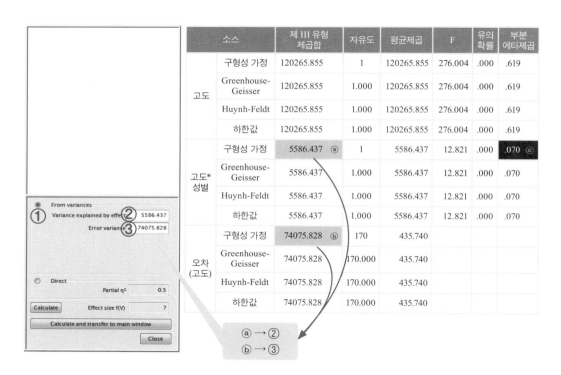

■ 반복이원분산분석의 효과크기 계산 Ⅰ

① 확장화면의 'Calculate' 단추를 누른다.

② 'Partial η(에타)^2' 항목과 'Effect size f(V)' 항목의 값이 계산된다.

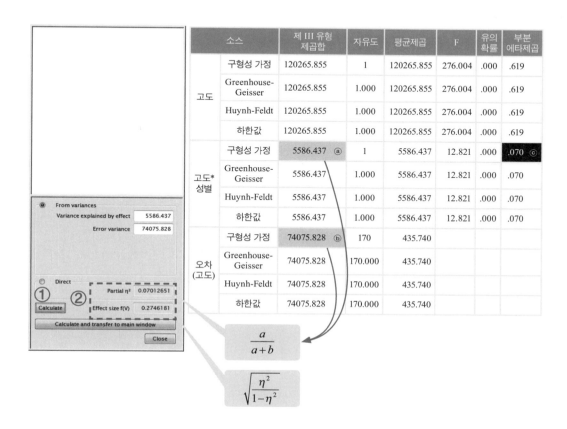

소스		제 III 유형 제곱합	자유도	평균제곱	F	유의 확률	부분 에타제곱
고도	구형성 가정	120265.855	1	120265.855	276.004	.000	.619
	Greenhouse-Geisser	120265.855	1.000	120265.855	276.004	.000	.619
	Huynh-Feldt	120265.855	1.000	120265.855	276.004	.000	.619
	하한값	120265.855	1.000	120265.855	276.004	.000	.619
고도* 성별	구형성 가정	5586.437 ⓐ	1	5586.437	12.821	.000	.070 ⓒ
	Greenhouse-Geisser	5586.437	1.000	5586.437	12.821	.000	.070
	Huynh-Feldt	5586.437	1.000	5586.437	12.821	.000	.070
	하한값	5586.437	1.000	5586.437	12.821	.000	.070
오차 (고도)	구형성 가정	74075.828 ⓑ	170	435.740			
	Greenhouse-Geisser	74075.828	170.000	435.740			
	Huynh-Feldt	74075.828	170.000	435.740			
	하한값	74075.828	170.000	435.740			

$$\frac{a}{a+b}$$

$$\sqrt{\frac{\eta^2}{1-\eta^2}}$$

■ 반복이원분산분석의 효과크기 복사 Ⅰ

① 확장화면의 'Calculate and transfer to main window' 단추를 누른다.

② 메인화면의 'Effect size f(V)' 항목에 값이 복사된다.

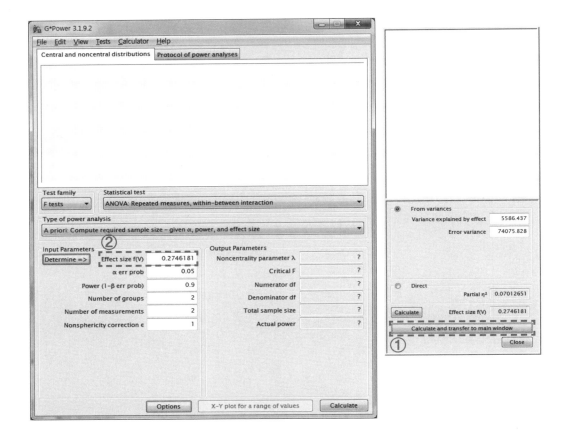

■ 반복이원분산분석의 표본크기 결과출력 Ⅰ

① 메인화면의 'Calculate' 단추를 누른다.

② 'Output Parameters' 항목의 값들이 계산된다.

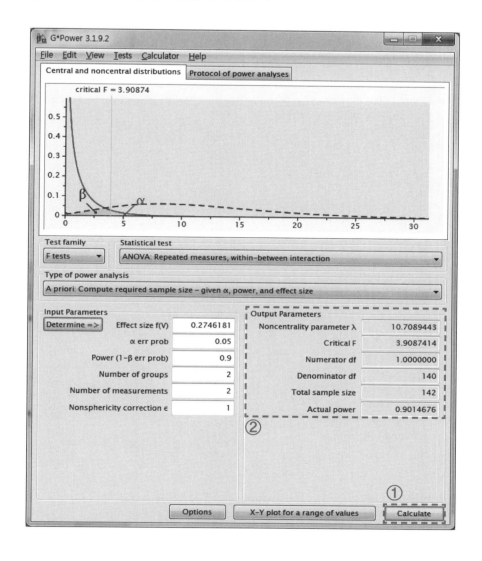

■ 반복이원분산분석의 표본크기와 검정력 확인 Ⅰ

- 전체 표본의 크기가 142명 이상으로 산출되었다. 남녀별로 표본을 추출하므로 각각 71명씩 선발하면 된다.
- 이때의 실제 검정력(Actual power)은 90.1%이다.

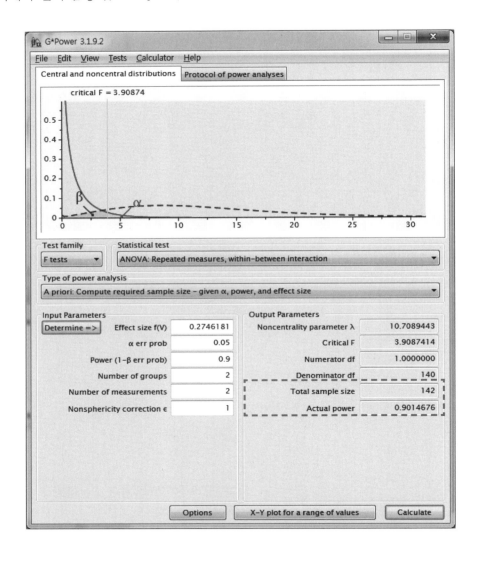

2) 선행연구의 분산분석표 중 '부분 에타제곱' 정보를 이용하는 방법(ⓒ 이용, 부분 에타제곱은 SPSS로 분산분석 실행 시 옵션으로 지정하면 표시된다)

■ **반복이원분산분석의 확장화면 입력 Ⅱ**

① 확장화면의 'Direct' 파트를 선택한다.

② 'Direct' 파트의 'Partial η(에타)^2' 항목에 선행연구의 분산분석표 중 ⓒ의 값을 입력한다(에타제곱값을 직접 입력하는 방법).

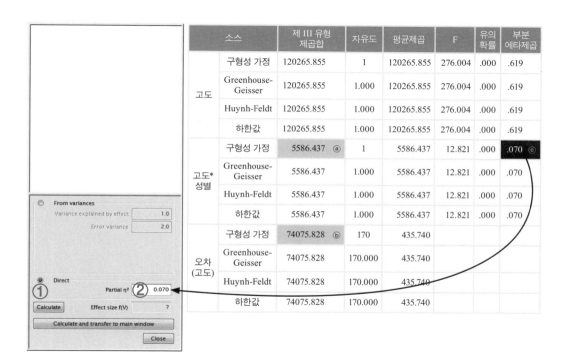

소스		제 III 유형 제곱합	자유도	평균제곱	F	유의확률	부분에타제곱
고도	구형성 가정	120265.855	1	120265.855	276.004	.000	.619
	Greenhouse-Geisser	120265.855	1.000	120265.855	276.004	.000	.619
	Huynh-Feldt	120265.855	1.000	120265.855	276.004	.000	.619
	하한값	120265.855	1.000	120265.855	276.004	.000	.619
고도*성별	구형성 가정	5586.437 ⓐ	1	5586.437	12.821	.000	.070 ⓒ
	Greenhouse-Geisser	5586.437	1.000	5586.437	12.821	.000	.070
	Huynh-Feldt	5586.437	1.000	5586.437	12.821	.000	.070
	하한값	5586.437	1.000	5586.437	12.821	.000	.070
오차(고도)	구형성 가정	74075.828 ⓑ	170	435.740			
	Greenhouse-Geisser	74075.828	170.000	435.740			
	Huynh-Feldt	74075.828	170.000	435.740			
	하한값	74075.828	170.000	435.740			

■ 반복이원분산분석의 효과크기 계산 Ⅱ

① 확장화면의 'Calculate' 단추를 누른다.

② 'Effect size f(V)' 항목의 값이 계산된다.

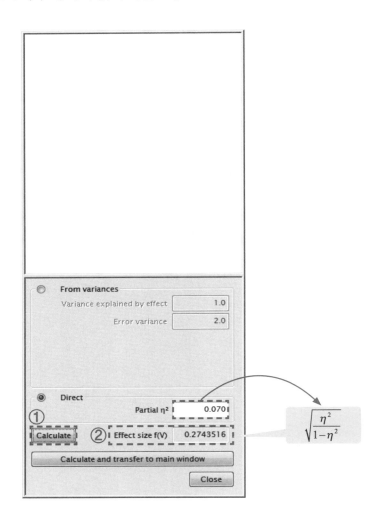

■ 반복이원분산분석의 효과크기 복사 Ⅱ

① 확장화면의 'Calculate and transfer to main window' 단추를 누른다.

② 메인화면의 'Effect size f(V)' 항목에 값이 복사된다.

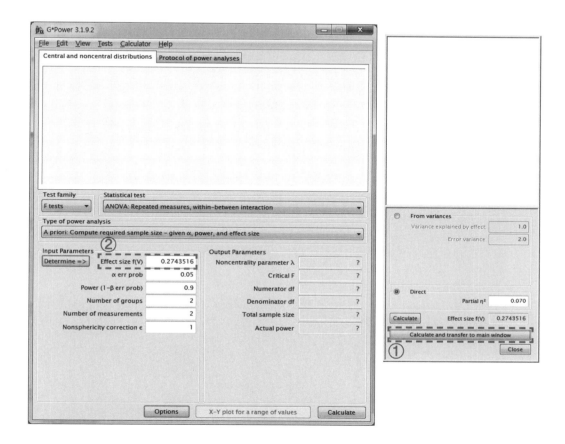

■ 반복이원분산분석의 표본크기 결과출력 Ⅱ

① 메인화면의 'Calculate' 단추를 누른다.

② 'Output Parameters' 항목의 값들이 계산된다.

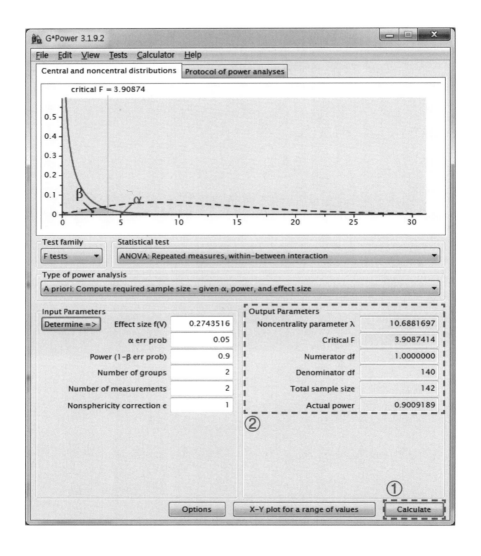

■ 반복이원분산분석의 표본크기와 검정력 확인 Ⅱ

• 전체 표본의 크기가 142명 이상으로 산출되었다. 남녀별로 표본을 추출하므로 각각 71 명씩 선발하면 된다.

• 이때의 실제 검정력(Actual power)은 90.1%이다.

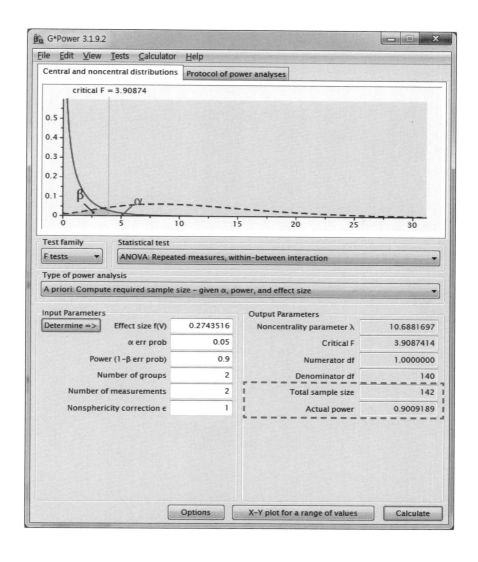